Gabrielle Brisson

Avec la collaboration de Lise Lachance

Heureux divorce

Transformer un échec en gain

NOVALIS

Heureux divorce est publié par Novalis.

Couverture : Audrey Wells

Photo de la couverture : Digital Vision

Mise en pages : Christiane Lemire

© Novalis, Université Saint-Paul, Ottawa, Canada, 2005.

Dépôt légal : 3e trimestre 2005
    Bibliothèque nationale du Canada
    Bibliothèque nationale du Québec
Novalis, 4475, rue Frontenac, Montréal (Québec), H2H 2S2
    C.P. 990, succursale Delorimier, Montréal (Québec), H2H 2T1

ISBN : 2-89507-688-X

Nous reconnaissons l'aide financière du gouvernement du Canada par l'entremise du Programme d'aide au développement de l'industrie de l'édition (Padié) pour nos activités d'édition.

Imprimé au Canada

Catalogage avant publication de Bibliothèque et Archives Canada

Brisson, Gabrielle

    Heureux divorce : transformer un échec en gain

    Autobiographie.

    Comprend des réf. bibliogr.

    ISBN 2-89507-688-X

    1. Brisson, Gabrielle. 2. Divorce – Aspect psychologique. 3. Séparation (Psychologie). 4. Divorcés – Québec (Province) – Biographies. I. Titre.

HQ815.B74 2005   306.89'092   C2005-941004-3

NOVALIS

Heureux divorce

Merci
à Yvan
de m'avoir choisie et d'avoir écrit ce livre avec moi,
par-delà la mort;

à mes enfants
qui m'ont acceptée imparfaite et qui sont restés fidèles;

à mes parents
qui ont été pour moi des témoins à toute épreuve
d'une foi confiante;

à mes frères et sœurs
qui m'ont accueillie dans ma souffrance;

à Claude B.
qui, à cause de son amour inconditionnel de l'être humain,
m'a permis de me rendre à moi-même;

à mes amis et amies
qui m'ont écoutée et encouragée;

à Lise,
pour le respect et la complicité
qui ont marqué les étapes de la rédaction;

à Jean C. qui a cru à la fécondité de ce livre.

Je dédie ce livre
à ceux et celles qui ont su si bien se retirer
pour me laisser la place
dans les passages nécessaires à ma croissance.

Ouverture

Je m'appelle Gabrielle. J'ai soixante-trois ans et j'ai été mariée pendant vingt-et-un ans. J'ai vécu séparée de mon mari pendant quinze ans et je suis veuve depuis quatre ans.

La sérénité qui est la mienne aujourd'hui s'est forgée à travers des années de souffrance et d'échec apparent. Il m'a fallu traverser l'épreuve d'une séparation, complètement désarmée. Il m'a fallu trouver le soutien de ma famille d'origine, de mes enfants, de thérapeutes, d'amis. Il m'a fallu affronter les questions que provoque un tel bouleversement. Il m'a fallu m'accrocher, me révolter, tomber malade, prier, pleurer, mourir presque et, finalement, rechoisir la vie.

Je ne suis pas la seule. Beaucoup d'hommes et de femmes, qui avaient mis tous leurs espoirs d'une vie réussie dans le mariage, se retrouvent ainsi face à l'échec et pensent en mourir, tellement la vie n'a plus de sens pour eux. Et cela, quelle que soit la forme qu'ils avaient donnée à leur engagement : mariage religieux, mariage civil ou union dans le cadre d'un nouveau rituel. Dans leur tristesse ou leur révolte, ils réentendent la formule officielle : « Pour le meilleur et pour le pire… » ou les belles paroles des prêtres sur « la grâce du sacrement de mariage ». Dieu les aurait-il trahis? Les forces de l'amour ont-elles manqué à leurs promesses? Que s'est-il passé pour que le bonheur promis et espéré se transforme ainsi en enfer?

Les accompagnateurs d'hier, les équipes de préparation au mariage, les prêtres, les parents et les amis ne savent souvent pas quoi dire devant un couple qui se défait. Pourtant, ils étaient là au début, témoins de l'intensité de l'amour qui unissait cet homme et cette femme, témoins de leur sincérité, de leur désir de permettre à la vie de s'épanouir à travers leur union. Où s'en est allée toute cette force spirituelle qui présidait à leur engagement? Mystère!

Cette défaite, ce sentiment d'abandon, je les ai vécus pendant de longues années. Jusqu'à ce que… Jusqu'à ce que je fasse une découverte renversante. Contrairement à ce que je croyais, l'Invité de mes noces n'est jamais reparti! C'est même cette présence, que l'on pourrait appeler la grâce du sacrement de mariage, qui m'a permis autant de m'engager que de sortir plus vivante que jamais de l'épreuve de la séparation.

Ma découverte s'est faite par étapes, des étapes qui rejoignent celles, bien connues maintenant, du processus du deuil. Car une rupture n'est-elle pas semblable à une mort? Ce cheminement m'a permis de retrouver ce « plus grand » que mon projet qui était là, au départ, qu'on l'appelle Dieu ou l'amour ou l'énergie vitale ou autrement. Il m'a surtout permis de retrouver dans ce « plus grand » les forces nécessaires à une véritable guérison du cœur.

Pour tous ceux et celles qui ont déjà vécu ou qui vivent maintenant l'épreuve de la séparation, je souhaite que ce livre devienne une invitation à entreprendre leur propre voyage. Je les invite à questionner les motifs de leur histoire. Je leur propose de se faire confiance, malgré la souffrance. Il ne s'agit pas de s'enliser dans les mauvais souvenirs mais, en passant par la douleur mise en mots, regardée en face, de s'ouvrir à la vie qui cherche à naître, à une nouvelle fidélité à découvrir. Ce faisant, peut-être pourront-ils accueillir de nouveau, comme au jour de leur engagement, un « plus grand » que soi, logé en eux-mêmes, dans les autres, en l'Autre. C'est ainsi qu'ils arriveront à recevoir leur histoire comme un cadeau, à accepter de l'assumer afin qu'elle devienne un tremplin pour la suite de leur vie.

J'offre aussi ce livre aux accompagnateurs et aux proches, qui se retrouvent de plus en plus souvent devant des personnes séparées ou divorcées.

Puissent-ils trouver ici des mots ou des attitudes pour les aider à vivre cette épreuve, non comme un désastre, mais comme un passage vers une vie nouvelle, dans le respect du cheminement de chacun.

Première partie
Quand tout semble s'effondrer…

« C'est dit! »

Août 1986 — « Va-t-en! » Mon ordre est clair, sans appel. Je viens de fermer une porte sur six ans d'efforts pour recoller les morceaux, après une première aventure de mon mari, et sur quinze ans de vie heureuse. C'est terminé, je ne veux pas aller plus loin. Comme il ne bouge pas, je descends au sous-sol chercher ses valises. Il n'a plus le choix.

Je suis à la veille de mes vacances. Depuis quelque temps, il me semble qu'Yvan se montre bougon, impatient. Rien ne lui plaît, rien ne l'intéresse. Je voudrais avoir de belles vacances et me reposer vraiment. Mais dans un tel climat…? Les portes-miroirs de la penderie de notre chambre me renvoient mon image de profil, celle d'une femme qui ne voudrait pas se regarder en face. J'ai peur. Mais il y a dans l'air quelque chose d'indéfinissable, que j'ai déjà connu. Je me résous à poser la question : « As-tu quelqu'un d'autre dans ta vie? »

Il commence par nier. Je reprends ma question qui ne lui laisse aucune échappatoire : « As-tu quelqu'un... » Il finit par dire oui. Et il se rattrape rapidement : « Viens, on va discuter. »

Pour moi, il n'y a plus de discussion possible. Je sais d'une certitude absolue que je suis arrivée au bout du chemin. Ma décision est prise, je ne veux plus de cette vie-là! Je ne veux plus de mes attentes du vendredi soir pour quelques moments amoureux avec lui, je ne veux plus de mes efforts pour être parfaite, pour que la famille soit parfaite. Je ne veux plus de cette façade qui sert sa carrière. Je ne veux plus de cette façon de vivre en couple et en famille. C'est assez! « Va-t-en! »

« C'est dit! » Dès que la porte se referme, je suis saisie par l'urgence de me confier à quelqu'un avec qui je suis en lien. Je cours à une boîte télé- phonique appeler le psychologue que je consulte déjà depuis quelques mois. Pourquoi une boîte téléphonique plutôt qu'un appel de la maison? Je ne sais pas. Comme s'il fallait que je sorte crier ce qui vient d'arriver. Au téléphone, je hurle sans arrêt : « Yvan est parti... Yvan est parti! » C'est une manière de dire à la fois que j'ai réussi à crever la bulle du mensonge, que j'en ai eu la force, et de laisser sortir toute ma détresse. À travers mes lar- mes, je n'entends rien d'abord de ce que me dit le psychologue. Puis sa voix forte réussit à percer le brouillard : « Gabrielle, es-tu là? » Je ne sais plus où je suis. Mais sa voix me ramène à la réalité de ce samedi du mois d'août, à moi dans une boîte téléphonique. Je raccroche. Je ne suis plus la seule à savoir que la parole décisive a été prononcée, je peux rentrer à la maison.

Martin et Charles, mes deux plus jeunes fils, sont là. De leurs chambres, au sous-sol, ils ont compris qu'il se passait quelque chose. Maintenant, je leur dis clairement que j'ai demandé à leur père de quitter la maison. « Il a quelqu'un d'autre dans sa vie. » Je ne peux même pas prononcer le mot « femme ». Ne sachant pas trop comment me consoler, ils me proposent d'aller voir ma sœur qui m'est la plus proche. J'ai à peine conscience de la route, je conduis comme un zombi et c'est de justesse que nous évitons un accident! Dans la voiture, derrière, les enfants sont malades de peur. La visite sera brève : une petite heure suffit pour tout raconter à ma sœur. Et nous rentrons à la maison où je m'enferme dans ma chambre. Caroline et Louis, les aînés, apprendront les événements par leurs frères. Ils se réfugient tous les quatre au sous-sol, où ils dorment serrés les uns contre les autres dans la même chambre. En haut, seule dans la mienne, je reste gelée, figée. C'est la nuit la plus froide de ma vie.

Le lendemain, dimanche, je ne sais pas trop où me réfugier. Je vais à la messe à laquelle j'assiste du jubé, à l'écart, en pleurant. Je ne peux même pas conduire ma voiture pour revenir, ma fille doit venir me chercher. Je pleure.

L'image de cette travailleuse sociale que j'ai rencontrée il y a quelque temps me revient à l'esprit. Je la connais à peine, mais je sais qu'elle est divorcée. J'ai besoin de voir quelqu'un qui est divorcé et qui n'en est pas mort. Peu importe ce que nous nous disons, elle est sortie vivante de cette épreuve et c'est ce qui compte. On peut donc perdre son conjoint et ne pas en mourir?

Angoissée à l'idée de me retrouver face à face avec Yvan, qui rentrera à la maison le dimanche soir, j'accepte la proposition de mes sœurs d'aller passer quelques jours chez mon frère. Il m'offre une chambre où je trouve une certaine sécurité. Le lendemain, il me conduit à son chalet. La beauté du ciel est insupportable. Je regarde le fleuve, je veux mourir. La marée est basse, elle me protège sans le savoir d'un geste irréversible. Je n'ai pas la force de fuir jusqu'en eau profonde. « C'est dit » oui, et je ne reviendrai pas en arrière, mais je suis épuisée. La seule chose qui compte maintenant, c'est de tenir le coup jusqu'à mercredi, le jour de mon rendez-vous chez le thérapeute. Après, rien n'aura plus d'importance.

« C'est dit! » Deux petits mots qui rendent à peine toute l'énergie qu'il m'a fallu. Mais qui traduisent aussi le degré de mon épuisement et de mon sentiment de défaite. Tellement de choses auraient pu empêcher encore cette parole définitive à mon mari; les enfants d'abord : Martin qui vient d'être opéré, Charles qui n'a que 11 ans et les deux plus vieux au seuil de l'âge adulte; le besoin de sécurité, les principes religieux, le respect à tout prix de la parole donnée, l'image à préserver, la peur de la solitude, une situation financière catastrophique... Mais j'avais fait tellement d'efforts depuis six ans, j'avais tellement pris sur mes épaules la responsabilité de l'échec de notre mariage, de tout ce qui allait mal, qu'il n'était plus possible d'en rajouter. Le miroir de notre chambre m'avait renvoyé l'image d'une femme qui ne pouvait pas aller plus loin. C'est ici que ça s'arrête! Comme dans un respect nécessaire à soi-même.

C'est fini!

Dans le cabinet du thérapeute, je viens de raconter ce qui s'est passé. Je regarde le feu qui crépite dans le foyer. Quelque part, à l'extérieur de moi, il y a donc encore de la vie? Et puis tout mon corps lâche. Je m'effondre comme après un effort surhumain.

Le psychologue appelle mon médecin de famille qui est aussi ma nièce. Elle vient me chercher. Les jambes coupées, je me laisse déposer dans la voiture qui m'amène à l'hôpital. « Ouvre les yeux, ma tante! » m'encourage Lise, pendant le trajet. Pourquoi faire? Je suis si fatiguée. Il m'a fallu tellement de courage pour dire : « Va-t-en ». Maintenant, je peux me laisser aller, me reposer. Je n'ai plus rien à faire, plus rien à dire.

Sur la table d'examen, je tremble de froid et de peur. Je retiens le psychiatre par la manche : « Ne partez pas. Ne me laissez pas, je vais tomber! » Il me donne un calmant et prend avec mon médecin la décision de m'hospitaliser. Lise me conduit à ma chambre. Je me laisse déshabiller, inerte. Je m'enfouis sous les couvertures, à la chaleur, bien protégée. Et j'y reste. Longtemps. Chaque jour, le psychiatre s'approche du lit : « Quand vous le voudrez, Madame, vous parlerez. » Il revient quotidiennement me donner une permission dont je n'ai pas envie de profiter. C'est si bon de se laisser mourir.

De se laisser mourir et nourrir. Paradoxalement. Je redeviens comme une enfant. Je me sens en sécurité sur la petite île de mon lit. On m'apporte des repas, on me borde, on me parle. Et je n'ai rien à faire, rien dont je sois responsable. Je m'abandonne. Quand je m'habille pour la première fois et que je me regarde à nouveau dans le miroir, en jaune et blanc, je reste tout étonnée : « Je ne suis pas morte! »

Je voudrais refuser les médicaments. Lise, mon médecin, m'explique qu'il faut « recharger la batterie » avant de faire quoi que ce soit. Je finis par céder. Je m'enfouis sous les couvertures. « Quand vous le voudrez, Madame, vous parlerez. » Mais je ne veux pas de visite, même pas celle de mes enfants. Pourquoi faire? Pour moi, c'est fini; eux, ils continueront, ils ont bien leur père?

Dans le brouillard qui me remplit les yeux, un jour, je découvre une rose. C'est une délicatesse de Lise. Je n'en reviens pas. Je compte donc pour quelqu'un? Elle m'explique pour les médicaments, pour le psychiatre. Je me débats. Pourquoi recommencer encore une fois à raconter mon histoire? Je le fais chez mon psy depuis des mois... Il ne s'agit pas de recommencer, dit-elle, seulement de continuer... Je commence à apprivoiser l'idée de rencontrer le psychiatre.

Trois fois par semaine. Quand j'ai ouvert la bouche, je me suis mise à parler comme si je ne devais plus m'arrêter, la « broue » aux lèvres. Je voudrais tout dire, tout comprendre à la fois, dans une seule rencontre : pourquoi? pourquoi moi? pourquoi nous? Qu'est-ce qu'on n'a pas fait? Comment un homme que j'aimais a pu me tromper à ce point? Non pas une fois, mais deux fois! Pourquoi c'est arrivé? Il me semble que je faisais tout pour être parfaite, pour que ma famille soit parfaite... « Docteur, avez-vous des livres qui pourraient m'expliquer? » Gentil, il me prête des ouvrages de psychologie que je m'efforce de lire. Mais je ne comprends pas. Je me désespère : « Où est-ce que je vais trouver mes réponses? » Je lui rapporte les livres. Je ne dois pas être assez intelligente...

Je suis à bout de forces, mais je veux comprendre. C'est pourquoi, trois fois par semaine, je prends l'escalier qui mène au bureau du psychiatre. Le simple fait de descendre les marches pour me rendre chez lui me réconforte. « Je ne suis donc pas morte! » J'ai mon lit, j'ai ma rose, j'ai mes repas. On s'occupe de moi, je ne suis plus seule.

Je commence à me regarder dans le miroir, à sortir de sous les couvertures pour me promener dans le parc, juste en face de l'hôpital. L'air de dehors me réconforte.

La première personne que je demande à voir, c'est Yolande, ma belle-sœur. Je ne sais pas pourquoi, mais c'est elle. Elle est différente. Elle a sa logique à elle. Malgré neuf enfants et un mari malade, elle a toujours su se protéger un pays intérieur. Elle a réussi, elle, à ne jamais se perdre de vue. Sa seule présence est pour moi une invitation à rester collée à mes besoins. Elle arrive avec un sac rempli de papiers d'emballage de toutes les couleurs. « Fais-toi des cadeaux... » Je ne comprends pas, mais je sais que ses paroles ont du sens.

Mes frères, mes sœurs, mes beaux-frères et belles-sœurs se manifestent discrètement, un par un, presque sur la pointe des pieds. Dernière d'une grande famille, je découvre que je ne les connais pas vraiment. Aurore m'apporte des fleurs, Gérard et Monique se partagent la lessive et voient à ce que j'aie toujours du linge propre. Mes sœurs religieuses m'équipent d'un lecteur de cassettes et de musique. Leur présence devient nourrissante.

Je ne suis donc pas morte? Il me semblait qu'il n'y avait qu'une façon de survivre à une telle souffrance, la mort. Je ne suis donc pas morte? Maintenant, regarder ma rose, découvrir ma famille d'origine, parler, parler, parler, me prouve que je ne suis pas morte. Je le vois bien, je ne suis pas morte. Je n'en reviens pas!

Après quelques semaines, on m'invite à participer à des ateliers de dessin avec d'autres patients. Chaque fois, pour me rendre à la salle des activités, je prends l'escalier plutôt que l'ascenseur. Descendre les marches me donne le sentiment d'être vivante. Vivante!

Avec les forces, l'espoir renaît. Je propose à Yvan de nous retrouver ensemble chez le psychiatre. Il arrive avec sa liste d'arguments toute prête afin de prouver qu'il a été un bon père, un bon mari. Chaque fois que le psychiatre lui demande où il était quand on m'a hospitalisée, il reprend sa liste, comme s'il n'entendait rien. À bout de patience, le docteur me demande si je peux expliquer à Yvan le sens de sa question. Mais il n'y a pas de dialogue possible.

Je reviens à la charge et je propose à Yvan d'aller ensemble consulter mon thérapeute habituel. Ils se connaissent puisque Yvan l'a rencontré quelques fois depuis mon entrée à l'hôpital. Le thérapeute n'a qu'une question à nous poser : « Gabrielle, es-tu prête à reprendre la vie commune avec Yvan? », je réponds « oui ». Oui, à la condition d'être aidé en tant que couple. « Et toi, Yvan, es-tu prêt? » Sa réponse tombe, implacable : « non ».

Je dois retourner à l'hôpital et c'est Yvan qui m'y ramène après cette rencontre où j'ai vu s'écrouler toute ma vie. Comment dire la souffrance de ce trajet long comme de Québec à New York? Je me sens complètement abandonnée. Par mon psy d'abord, qui n'a pas eu la sensibilité de comprendre à quel point me retrouver dans la même voiture qu'Yvan, après une telle rencontre, est insupportable. Par Yvan ensuite. Je viens de franchir un nouveau cap dans la douleur. Oui, c'est moi qui lui ai dit « Va-t-en ». Mais cette fois, c'est lui qui se retire, lui qui prend la décision d'en finir. Assise à ses côtés dans la voiture, je pense mourir de peine. C'est mon univers qui s'écroule, mon projet de vie!

J'avais tellement rêvé d'une vie plus facile, maintenant que la carrière d'Yvan avait atteint un sommet. Nos enfants devenaient grands, nous pourrions partir en voyage, j'aurais du temps pour lire, pour penser un peu à moi. Nous retrouverions l'intimité des premières années de notre mariage… Illusion. C'est avec une autre qu'il choisit de vivre désormais les plus beaux moments de sa vie.

De retour dans ma chambre d'hôpital, je rentre sous les couvertures, dans la noirceur. Ma tristesse est immense. J'ai peur à un point tel que je demande que l'on mette en place les barreaux du lit. Et je pleure. Il n'y a plus de fuite possible maintenant. J'entre les yeux ouverts dans la douleur de l'effondrement de mon projet de vie. Je suis sous les couvertures, mais je suis dans la réalité. Une infirmière me caresse l'épaule et le bras, en silence. Je pleure, mais j'ai un témoin, quelqu'un qui m'accueille dans ma tristesse.

Face à la réalité

Je comprendrai quelques jours plus tard les conséquences du « non » d'Yvan et où il en est dans son propre cheminement. Une lettre, rédigée comme un jugement, m'arrive à l'hôpital et m'affole. Sans tenir compte de ma vulnérabilité, il propose des arrangements sur des questions bien précises : la garde des enfants et la possession de la maison, la pension, le choix d'un avocat, le remboursement des dettes, etc. Déjà, il rejette du revers de la main le passé que nous avons construit et propose une nouvelle organisation pour notre vie à venir. Un épais brouillard s'étale dans mon esprit : c'est trop gros pour moi, jamais je n'arriverai à voir clair, jamais je ne pourrai faire les choix qui me sont demandés. Comme bien des femmes mises au pied du mur, je suis tentée de lui abandonner toutes les décisions. De par sa profession, sa nouvelle relation, sa santé et ses deux mois passés seul avec les enfants, il est en position de force. Alors que moi, du seul fait de ma dépression, je suis disqualifiée.

Mais l'idée de perdre mes enfants, après avoir perdu mon mari, de me retrouver seule, dépossédée de tout ce qui a donné du sens à ma vie jusque-là provoque un sursaut d'énergie. Je vais prendre ma place! J'ai peur, mais je ne peux pas ne pas courir le risque : je propose une rencontre à mes enfants. Ce sont eux qui vont décider : ils existent, ils sont en âge de choisir avec qui ils veulent vivre. Yvan me dit que sa relation avec eux est bien meilleure depuis que je ne suis pas là, il me conseille de prendre un appartement. Avec mon salaire d'aide domestique dans une institution et la pension qu'il me versera, je m'en sortirai même mieux que lui, affirme-t-il!

Les enfants font pencher la balance dans un autre sens. Leur décision, qu'ils prennent seuls, en toute liberté, est claire : c'est avec moi qu'ils veulent vivre et, surtout, ils ne veulent pas être séparés. Je garderai donc la maison et c'est Yvan qui ira vivre ailleurs, pas très loin. Ce pas « très loin », qui permet aux enfants d'aller facilement chez lui, je le vivrai au quotidien comme un manque de respect. Dans le quartier où nous avons construit notre vie de famille, je verrai Yvan s'organiser un nouveau foyer, une nouvelle existence. Je le croiserai parfois au coin de la rue, avec sa nouvelle compagne. Son euphorie ravivera mon chagrin et ma rancœur.

Je n'oublierai jamais mon retour à la maison après ces deux mois d'hospitalisation. On aurait dit que la mort était passée par là. Je regarde la place vide d'Yvan, dans le coin de la salle familiale où il lisait son journal. Le silence. Le froid. Je suis glacée en-dedans. Je me sens vide et si impuissante.

Mes sœurs m'entourent du mieux qu'elles peuvent. Mes frères trouvent des façons délicates de manifester leur soutien. Mais ils ne comprennent pas. Nous étions pourtant une famille idéale, j'avais un mari idéal, que j'admirais, que j'aimais. Si quelque chose n'allait pas, ce devait être de ma faute...

Honteuse et humiliée, je n'ose pas sortir, j'ai peur du regard des voisins, peur de leurs chuchotements dans mon dos. Heureusement, mon garage d'hiver jaune et blanc me met à l'abri, moi, bien plus que ma voiture. Je ne suis pas obligée d'afficher ma nouvelle condition devant toute la rue. Mes larmes sont protégées.

Je ne souhaite rencontrer personne des amis d'autrefois. Je voudrais rentrer sous les couvertures, comme à l'hôpital. D'ailleurs, la meilleure solution ne serait-elle pas que je retourne à l'hôpital? Je conduis dangereusement, j'ai brûlé deux feux rouges, je n'ai pas la force d'aller à l'épicerie, de préparer les repas. Dans cet état, comment pourrais-je être de quelque soutien pour les enfants? Mais le docteur refuse de m'hospitaliser de nouveau. Je dois faire face.

Et pour cela, il me faut dormir et arrêter de penser. Je demande à ma sœur Monique et son mari d'être une présence auprès des enfants pendant que, dans la chambre la plus isolée de la maison, sans responsabilité, je m'offre une nuit complète de sommeil. De temps en temps, mes autres sœurs viendront me donner ainsi la possibilité de lâcher-prise, en toute bonne conscience.

Peu à peu, les nécessités de la vie familiale me remettent dans le courant. La saison du hockey va commencer et, pour la première fois, les garçons ont la liberté de prendre eux-mêmes des décisions. Que veulent-ils réellement? La question se pose maintenant qu'ils n'ont plus à faire l'honneur de leur père. Martin choisit de se tourner vers la musique, Charles, vers le basket-ball. Au grand désespoir d'Yvan qui s'est toujours montré si fier des succès sportifs de ses fils : « Après tout ce que j'ai fait pour vous... » Caroline devient la confidente de ses frères. Louis commence à prendre des responsabilités d'aîné. Il revient de loin, Louis! Lui aussi, il a eu à faire des choix. Il a vite compris que je n'avais pas la force de me battre pour le sortir de la voie de la délinquance qui l'attirait depuis l'âge de douze ans. Il devait le faire lui-même ou aller vivre avec son père. Progressivement, à son corps défendant parfois, il est devenu un repère pour ses frères et sa sœur, un appui pour moi. Aujourd'hui, je sais que demander à un fils, un frère ou un ami de prendre la place du « disparu » est une manière de ne pas vivre son deuil. La place est occupée, on pense ressentir moins fort le vide de l'absence. Mais à ce moment-là, je ne le savais pas. J'espère que Louis n'en paiera pas le prix. Un jour que j'exprimais ma déception devant une pelouse trop longue que personne n'avait pris l'initiative de tondre, Charles m'a renvoyé en plein visage mes tentatives sournoises de culpabilisation : « Je ne suis pas ton père, je ne suis pas ton mari, je suis Charles. Si tu veux que je fasse quelque chose, dis-le clairement! »

Mon impuissance, nos efforts pour retrouver un certain équilibre, nous ont obligés à nous interroger sur les moteurs de nos choix et de nos actions : nos valeurs. Il semblait que toute notre vie d'avant avait été orientée vers un seul but : contribuer à l'avancement social d'Yvan, à sa fierté. Il devenait possible maintenant de reprendre les choses autrement, à partir de nos vrais désirs. Il y a eu bien des tâtonnements, des affrontements même. Yvan, qui habite à quelques coins de rue de chez nous, découvre que les « blondes » de mes fils et l'ami de ma fille peuvent passer la nuit à la maison. Ça ne se fait pas! Il menace de me « traîner en cour ». Du coup, ma colère éclate. Je refuse qu'il agisse en maître dans « ma » maison, alors qu'il a choisi de s'engager dans une autre relation. Je refuse qu'il nous impose de vivre dans le louvoiement et le mensonge, comme il l'a fait, lui, en me trahissant.

Mais la tâche est lourde, je me sens si peu sûre de moi, si adolescente en même temps que mes enfants adolescents. J'ai à construire, un jour à la fois, la sécurité d'une famille monoparentale. Et je choisis de le faire en me situant non pas au-dessus d'eux, comme un parent autoritaire, mais avec eux. On ne se mentira plus. Moi, la première, je choisis de partager avec eux mes craintes, mes joies, mes attentes. Mais la vérité est parfois dure à vivre, elle provoque des conflits, des confrontations. Je les réunis pour une mise au point : « Les enfants, vous êtes quatre. Chacun a ses activités, ses amis. Si chaque soir, je ne peux pas dormir parce que vous n'êtes pas rentrés et que je ne sais pas où vous êtes, je ne tiendrai pas le coup. À vous d'être responsables et vrais! Il faut que je puisse compter sur votre franchise. » À partir de ce moment-là, j'ai commencé à avoir confiance en mes enfants. J'ai commencé à pouvoir dormir la nuit. J'ai commencé à avoir du plaisir avec mes ados.

Le piano de Martin, même quand il s'agit de gammes, me remplit les yeux de larmes mais me redonne du courage. Combien de fois nous nous sommes retrouvés tous les cinq assis par terre, à écouter les pièces de Martin, à discuter des devoirs de français de Charles, à planifier les travaux extérieurs, à faire la connaissance de nouveaux amis de Caroline et de Louis... Les espadrilles et les bottes encombrent l'entrée, mais la maison reprend des couleurs. Comme ils m'ont appris sur la vie!

Dans cette recherche d'authenticité, je me suis mise à voir des choses que je ne voyais pas avant, que je ne voulais pas voir. Comment j'avais été au service de la carrière de mon mari; comment, dès sa déclaration d'amour, j'avais tout abandonné pour entrer dans ses projets. Je me découvrais une femme frustrée, enragée. J'avais tout fait pour que ça marche, tout donné, et j'avais tout perdu. J'aurais dû prendre ma place, j'aurais dû dire mes besoins et faire respecter mes désirs! À force d'étouffer mes propres sentiments, je ne savais plus qui j'étais réellement. Je n'arrivais plus à retrouver la fille si vivante de la Jeunesse étudiante catholique (JEC), mouvement dans lequel j'étais totalement engagée avant notre mariage.

En retournant au travail, après deux mois d'absence, je découvre un nouveau sentiment: l'humiliation. J'ai honte de mon statut de femme séparée. Honte d'avoir été rejetée par mon mari. Je redoute les pauses-café où la conversation risque à tout coup de s'engager sur la frustration des femmes seules. Malgré ses 11 ans, Charles vivra à l'école une honte semblable, à cause de son nouveau titre de fils de parents séparés. D'ailleurs, l'anniversaire de Charles, en octobre, nous forcera très tôt à prendre conscience que rien ne sera plus pareil dans notre vie familiale : une personne manque. Désormais, il faudra toujours discuter du lieu où se fera la fête, à quel moment, qui a la priorité... Discussions sans fin au téléphone : « Je suis encore votre père! » clame Yvan, chaque fois qu'il en trouve l'occasion. Quand les enfants reviennent de la fête, je ne peux pas m'empêcher de sonder le terrain : quel était le menu? Le vin était-il meilleur que le mien? Quels cadeaux ont-ils reçus? Sournoisement, la peur que sa nouvelle compagne gagne l'affection des enfants colore chacune de mes questions. Si Yvan l'a choisie, elle est sûrement plus séduisante que moi, plus à la mode... Un peu plus humiliée chaque fois, je m'enferme pour pleurer de peine ou de rage.

Soutenue par le psychiatre qui m'a soignée à l'hôpital, je découvre que personne ne peut affronter ma réalité à ma place. Mes sœurs s'éloignent délicatement, je reprends peu à peu le contrôle de mon quotidien. Je commence à apprivoiser la solitude et à en découvrir des facettes nourrissantes. Mais devant un tuyau qui éclate, la piscine qui supporte mal les froids de l'hiver ou le toit de la maison à refaire, c'est de nouveau l'angoisse : « Pourtant, je me suis mariée pour le meilleur et pour le pire, pas pour être toute seule dans le pire! » J'oubliais que même au temps de mon mariage, j'étais souvent seule pour faire face à des problèmes semblables. Et j'avais réussi à le faire. En y repensant, j'aimais encore mieux être seule maintenant que seule à deux. Je n'avais plus à établir ma conduite sur le paraître, je pouvais être totalement moi-même, au risque de me tromper. Je goûtais là une joie nouvelle, celle d'être avec moi, profondément, intérieurement.

En même temps, il fallait me battre pour m'assurer d'être traitée avec justice dans les arrangements de la séparation. Yvan bénéficiait d'un revenu élevé, j'avais moi-même contribué par mon travail, comme enseignante, comme réceptionniste et aide domestique, à sa formation et à son accession au poste de juge. Il était donc raisonnable que mon avenir et celui de mes enfants soient assurés. D'autre part, Yvan souhaitait que les enfants ne soient pas pénalisés par notre séparation, qu'ils jouissent encore du style de vie qu'ils avaient toujours connu. Pour établir la liste de nos besoins et évaluer le montant de la pension mensuelle, il fallait tenir compte de tous ces facteurs et d'autres encore dont j'avais fait la découverte quelques années avant notre séparation.

Par une lettre d'Yvan, j'avais été mise au courant de la dette qui s'était accumulée sur nos têtes. Certes, il avait des obligations sociales importantes, un style de vie à sauvegarder. Avait-il fait de mauvais placements? S'était-il montré trop généreux, trop dépensier? Avions-nous surestimé nos moyens en offrant aux enfants l'école privée, les cours de ballet ou de piano, les équipements sportifs de qualité? Difficile à dire. Au début de notre mariage, j'avais pris en main le budget de la famille, mais au moment où il était devenu membre à part entière d'un cabinet, je lui en avais remis toute la responsabilité. Il avait un comptable et une secrétaire, disait-il. Je ne m'en étais plus préoccupée. J'apprenais dans cette lettre l'état réel de nos finances. La maison était de nouveau hypothéquée et nous nous retrouvions avec une dette que je n'aurais pu imaginer. Ce jour-là, ma confiance n'avait pas fléchi : nous étions tous les deux là-dedans, nous allions nous en sortir! Je reprenais les rênes du budget, nous vivrions plus sobrement, je trouverais de l'argent... Il avait tout accepté, mais les bonnes résolutions n'avaient pas duré longtemps. Pendant que je coupais le plus possible dans les dépenses de la famille, il reprenait ses habitudes de riche et me le cachait.

C'est dire qu'au moment de la rupture, la situation prenait une allure encore plus inquiétante pour moi. Nous n'étions plus ensemble pour faire face aux dettes. J'avais pris des engagements pour obtenir des prêts, mais nous avions maintenant deux habitations et davantage de dépenses. Comment allions-nous nous organiser pour tenir ces engagements et continuer à vivre décemment? Comment faire pour que les enfants bénéficient du même style de vie qu'autrefois? Comment protéger mes intérêts et ceux de ma famille?

Je savais que je ne pouvais compter sur aucun professionnel du droit pour prendre mon parti. Yvan était connu et apprécié dans le milieu. Qui allait croire en ma parole? Qui allait oser plaider ma cause? Quel avocat accepterait de se battre avec moi pour défendre mes droits?

Je me suis tournée vers mon frère qui, à mes yeux, possédait deux qualités essentielles : il avait une réelle compétence comptable et il aimait Yvan. Il n'allait donc pas essayer de le démolir ou de gâcher sa réputation. Au contraire, il allait tout faire pour que nos arrangements soient équitables. Avec son aide indéfectible, j'ai défendu mon droit. Mais rien n'a jamais été simple, en ce domaine. Chaque mois, l'insécurité et la colère se présentaient au rendez-vous. Et périodiquement, il a fallu recommencer les négociations pour protéger les acquis.

Certaines de mes amies, encore aigries après des années de séparation, me conseillaient de cesser la bataille. Dans leur colère d'avoir été abandonnées, elles avaient préféré couper les ponts et renoncer à leurs droits. Elles avaient cru, par ce moyen, trouver la libération. Un conseil pressant du psychologue Jean Monbourquette ne cessait de m'habiter : « Avant de pardonner, va chercher ton dû jusqu'à la dernière cenne! » Après toutes ces années, je sais que cette stratégie était la bonne. Si je me suis battue longtemps, je n'en ai pas gardé de rancœur. J'en ai retiré la satisfaction d'avoir fait tout ce que je devais faire pour obtenir justice.

Je n'ai jamais autant « sacré » de ma vie! Et tous les enfants avec moi, d'ailleurs. Peut-être une manière de dire, sans le dire, à quel point je me sentais flouée par la religion, par les bons principes dans lesquels j'avais essayé de vivre depuis ma préparation au mariage. J'avais obéi à toutes les règles, j'avais fait ce que l'Église commande. Et voilà ma récompense? Pendant ce temps, la prière de ma famille d'origine se faisait discrète, mais constante. Personne n'aimait notre manière de parler, elle faisait peur, mais personne n'a jamais osé nous blâmer ouvertement. Moi, je n'avais plus de mots pour parler à Dieu. Je ne disais rien. Je savais que mes sœurs religieuses priaient, je faisais « du pouce » sur leur prière, c'était vraiment tout ce que je pouvais me permettre. Qui sait si je ne leur dois pas la découverte d'un très bon avocat, droit, honnête, ferme? Il appréciait Yvan et il connaissait ses forces. Je lui ai fait confiance. Au cours des années, il a constamment su me défendre pour que mes droits soient respectés.

Un beau soir d'été. Les batailles se sont apaisées pour un moment. Je dormais quand les rires des enfants, dehors, m'ont réveillée. Ils se sont organisé un *party* de pain grillé et de guimauve dans la cour. Ils sont bien, entourés de leurs amis, de leurs « blondes ». Je les regarde et je ressens une profonde nostalgie. Et moi, qu'est-ce que je fais de ma vie? Car la vie continue! Comme je voudrais, moi aussi, me sentir vivante! Comme je voudrais retrouver de la tendresse, de l'intimité. L'amour me manque à un tel point...

Je prends alors une décision dont je ne connais pas toute la portée pour les années à venir : je vais retourner en thérapie. Je veux « régler » ma sexualité! Pendant longtemps le mariage m'a ouvert une porte pour exprimer cet élan de vie qui habitait mon corps et ne demandait qu'à s'épanouir. Maintenant qu'il n'y a plus de mariage, l'appel de la vie n'est pas moins puissant. Qu'est-ce que je fais avec cet appel qui n'a plus de lieu pour s'exprimer : je l'étouffe? je le disperse dans de multiples relations? D'autres personnes autour de moi ont choisi l'une ou l'autre de ces solutions. Pourtant, elles ne me semblent pas satisfaisantes; à mes yeux, elles mènent à une impasse. Il doit bien y avoir une troisième voie qui serait à la fois libératrice et créatrice? Pas question de me replier sur moi-même, pas question d'étouffer la vie. Je veux être vivante, entièrement vivante!

La vie, la mort

Le plaisir d'aimer et de vivre de mes adolescents m'a renvoyé en plein cœur mon propre désir de vivre et d'aimer. Je sens en moi un bouillonnement puissant dont je ne sais pas très bien quoi faire. Le projet qui fondait toute ma vie s'est écroulé. Comment harmoniser cette mort et la poussée de la vie qui vient de se réveiller?

Déjà, je me rends compte que j'ai commencé à faire des découvertes essentielles. Par exemple, moi qui n'ai jamais su vivre sans croire que ce devait être difficile, sans avoir à faire continuellement des efforts, j'ai pourtant vécu autrement pendant quelques mois, à l'hôpital. La maladie m'a forcée à lâcher prise et j'ai vraiment tout abandonné. Pourtant, je ne suis pas morte. Au contraire, je suis passée par une sorte de renaissance qui m'a donné de nouvelles forces de vie, forces qui me fascinent et me troublent en même temps. Si j'ai pu, dans la maladie, apprendre quelque chose sur la vie, est-ce que je ne pourrais pas encore apprendre sur la relation entre mort et vie? Pourquoi la vie, pourquoi la mort? Pourquoi moi, ici, en ce moment, tiraillée entre le plaisir de vivre et la difficulté de vivre?

Mes questions me conduisent sur deux voies qui peuvent sembler ne pas avoir de liens entre elles. En même temps que j'entreprends une thérapie avec un nouveau thérapeute, « pour régler ma sexualité », je me mets à la recherche de gens qui possèdent une certaine connaissance de la mort. Et voilà qu'une petite annonce dans le journal retient mon attention : l'Université du Québec à Montréal offre un diplôme de deuxième cycle en études interdisciplinaires sur la mort. Je téléphone et je prends rendez-vous avec le directeur du programme. Je lui raconte brièvement mon histoire et la question qui me tenaille : quelle est la place de la mort dans la vie? Il m'écoute attentivement, il me prend au sérieux et me donne ma chance. Je suis acceptée comme étudiante.

Je n'en reviens pas! Mes sœurs non plus, qui s'étaient montrées plutôt réticentes face à mon projet. Je n'ai qu'un diplôme d'enseignante et après tant d'années d'arrêt comment pourrais-je suivre des cours d'un niveau universitaire? Moi-même, je ne suis pas sûre d'être assez intelligente. J'ai à la fois très envie et très peur. Au moment où la souffrance commençait à s'apaiser, est-il sain de remuer toutes les émotions que j'ai vécues, de me remettre dans le climat qui a failli m'emporter? D'autres, après une telle épreuve, cherchent plutôt à se distraire, à se refaire une nouvelle vie ou, du moins, à se tenir le plus loin possible de tout ce qui peut rappeler les durs moments vécus. Je sens pourtant qu'il y a là une voie qui pourrait déboucher sur plus de lumière. Rien n'est donné d'avance, mais il me semble que j'ai pris suffisamment de forces et de distance face à ma propre histoire pour m'y engager.

Je m'appuie aussi plus ou moins consciemment sur l'un des premiers cadeaux que j'ai reçus, à l'hôpital : *Grandir. Aimer, perdre et grandir*[1] de Jean Monbourquette. J'ai dévoré ce livre. Pour la première fois, je découvrais qu'il était possible d'avoir aimé, de ne plus aimer et de grandir pour aimer un jour de nouveau ou d'une autre façon. Je n'étais pas perdante d'avoir aimé, quelle que soit l'issue de cette relation. En lisant, en pleurant, je m'étais sentie accueillie dans toutes mes émotions, même les plus difficiles à vivre. J'avais le droit de souffrir, d'être enragée ou désespérée et, parfois, d'avoir seulement envie de pardonner et de tout recommencer à neuf. Bouleversée par la compréhension de l'auteur, je lui avais écrit. Il m'avait répondu : « Je vois que l'infidélité de ton mari est une grande source d'humiliation pour toi... À quelle nouvelle maturité es-tu appelée? »

---

[1] Novalis, Université Saint-Paul, Ottawa, 2004, 166 p.

Sur le moment, je n'avais pas compris. Mais je pressentais dans sa question une ouverture, une piste possible. Mon inscription au programme sur la mort allait-elle dans le sens d'une nouvelle maturité? Jusqu'où m'entraînerait-elle?

Le soir du premier cours, je suis tellement nerveuse que je m'engage à contresens dans l'un des grands boulevards de la ville. Le bruit des klaxons me réveille! Au moment de la présentation des étudiants, je constate que la plupart sont psychologues, chargés de cours, infirmières, etc. Je me sens bien petite, mais je reste là. Je suis tout à fait décidée à répondre à mon désir de rencontrer des gens qui savent ce qu'est la mort.

Le premier travail donné par l'un des professeurs aura sur moi l'effet d'une bombe : quelle est votre première expérience de la mort? Spontanément, la lumière se fait. J'avais un frère jumeau qui m'a fait faux bond au moment de naître. Il est mort, après neuf mois d'intimité avec moi dans le ventre de notre mère. Ma naissance a été la première expérience d'une perte irremplaçable. Mettre cette expérience en mots, l'écrire avec toutes les émotions qu'elle suscite devient pour moi bien plus qu'un exercice académique. Ce travail me permet de toucher le point de départ de la présence de la mort dans ma vie. Le point de départ de mon expérience de perte d'un lien puissant. Je découvre que, depuis ma naissance, j'ai vécu avec la mort à mes côtés. Je suis entrée dans la vie avec elle, elle ne m'a plus jamais quittée!

Du coup, je commence à saisir l'impact du départ d'Yvan : à travers cette épreuve, c'est la perte de mon jumeau que je revis. Et je la revis avec toute l'impuissance d'une petite fille qui ne comprend rien, qui ressent seulement le froid, la solitude, la séparation. Dans le départ d'Yvan, je suis abandonnée pour une deuxième fois par quelqu'un de très proche. Et la douleur n'en est que plus grande, puisque la blessure de la première séparation n'a jamais été identifiée, soignée.

Écouter les autres raconter leur propre expérience de la mort me réconforte. Je me sens moins seule devant la mort, d'autres l'ont rencontrée face à face, comme moi, et ils en sont sortis vivants puisqu'ils peuvent en témoigner. Progressivement, mon horizon s'ouvre; les cours permettent d'aborder différents aspects de la vie touchés par la mort : la bioéthique, la spiritualité, la sexualité, la dynamique des relations, etc. La démarche n'est pas d'abord intellectuelle, elle est « expérientielle ». Elle permet de développer une vision de la mort comme faisant partie intégrante de la vie.

En plus des cours, des activités, des entrevues, des stages supervisés permettent aux étudiants de rester bien ancrés dans la réalité. J'effectue mon stage dans une maison de soins palliatifs reconnue pour la qualité de son accompagnement des personnes en phase terminale. J'y ai beaucoup appris et j'ai reçu bien plus que je n'ai pu donner. Comment parler de la relation qui se noue avec ces personnes qui vivent leur mort, tantôt dans la colère et la solitude, tantôt dans une paix et une tendresse difficiles à imaginer? On ne sort jamais indemne de cet accompagnement, on ne sort jamais indemne non plus du moment où la vie, après un long combat, cède le pas devant la mort. Encore aujourd'hui, certains de ces visages m'accompagnent et me rappellent que l'on peut être vivant jusqu'au dernier souffle.

Après quelques années de service dans cette maison, je comprends qu'il est temps de m'arrêter. Je cherche trop à prendre sur moi la souffrance des mourants, je voudrais sauver tout le monde. Je suis en train de devenir sympathique plutôt qu'empathique. Avec cette attitude, je cours le risque de voler aux mourants leur propre mort. En même temps, j'éprouve une sorte de saturation. Je suis entourée de mort, je parle de la mort, je lis sur la mort, je suis des cours sur la mort... Je commence à étouffer moi-même.

Ce trop plein de mort est aussi le signe que je commence à trouver la vie intéressante. La permission que j'avais donnée à mes enfants de choisir leurs activités selon leurs goûts, je suis capable de me la donner maintenant. Permission d'avoir des activités personnelles, comme de faire partie d'un club de marcheurs. Permission de construire de nouvelles amitiés. Permission de sortir sans avoir à en rendre compte. Permission de prendre un peu de distance par rapport aux enfants. Ma vie prend de plus en plus des couleurs agréables. Mais les enfants n'en sont pas exclus, bien sûr. Ils participent à mes recherches d'étudiante. Quand il faut analyser les effets du deuil sur les relations familiales, je mobilise tout le monde : « Comment vois-tu notre vie de famille, avant…, après…? » Ils ont des opinions, ils sont capables de les exprimer et, du coup, tous ensemble, nous faisons un bout de chemin dans le deuil qui a bouleversé nos vies.

Ces discussions, les cours, les notes octroyées pour mes travaux, les rencontres avec les autres étudiants me redonnent peu à peu confiance en moi. Je suis donc intelligente, moi aussi? Dans notre couple, c'était Yvan, l'intelligence. Il avait fait des études, lui! Peu à peu, j'avais même cessé de lire le journal puisqu'il me le racontait. J'avais cessé de lire tout court pour me consacrer entièrement à la famille et à la maison. J'avais oublié que c'était moi qui aidais les enfants dans leurs devoirs, moi qui jadis bâtissais les dossiers d'animation à la JEC, qui animais les réunions et proposais des pistes de réflexion, moi qui enseignais. En réalité, celle des deux qui était fascinée par les études, par les idées et les discussions, c'était moi. Mais pendant des années, je lui avais remis entre les mains mon développement intellectuel et ma culture. Le fait de reprendre des études, même après toutes ces années, même avec un tout petit diplôme, me redonnait confiance en moi. Et me redécouvrir intelligente, capable de réussir des examens, a énormément contribué à augmenter mon estime de moi-même.

J'éprouve pendant ces années-là une véritable boulimie de connaissances. Tout ce qui est annoncé de conférences ou de sessions, m'intéresse! L'affectivité, les relations humaines, la croissance personnelle, les énergies, les chakras…, il faut que j'aille voir! Je suis comme un puits sans fond, jamais rassasiée. De cette manière, je fais sauter les limites, les cadres, les règles, les lois dans lesquelles j'ai vécu trop longtemps. Tout m'intéresse, je veux tout connaître, tout essayer. Je suis prête à me coucher tard pour apprendre!

C'est aussi pourquoi je ne me suis pas dérobée à l'activité libre qui marquait la fin des études sur la mort : la quête de vision[2]. Cette expérience,

---

2   Traduction française de « Vision Quest », rite d'initiation des Indiens d'Amérique. Redécouvert dans le cadre du

qui s'inspire des traditions spirituelles amérindiennes, avait été soigneusement préparée par diverses démarches tout au long des deux années de cours. L'une de ces démarches m'avait marquée profondément. Accompagnés par l'un des thérapeutes de l'équipe de formation, nous nous étions approchés le plus près possible de ce qu'est mourir, physiquement, psychologiquement, spirituellement. Celui-ci avait toute la force morale pour nous accompagner au seuil de notre mort. Avec lui, tenus par lui, nous osions toucher la mort, mais nous ne la subissions plus. L'été suivant, nous étions donc invités à aller un peu plus loin, aux frontières de la vie et de la mort. Après quelques jours de préparation immédiate, dans un paysage de forêts et de lacs, nous devions choisir une île au nord, au sud, à l'est ou à l'ouest. Pendant trois jours, sous la tente, avec de l'eau potable seulement, il fallait vivre en affrontant nos peurs les plus profondes. Je me suis retrouvée dans une nature inhospitalière, sans le moindre confort, affamée, entourée de bruits étranges, surtout la nuit. Aux limites de ma résistance physique, malade,

---

mouvement du Nouvel Âge, il a été utilisé pour faire vivre des expériences intenses à des adolescents en difficulté ou à des adultes désireux de s'ouvrir à d'autres formes de spiritualité. Le rite comporte obligatoirement solitude et jeûne. Il a pour but de confronter la personne à ses peurs fondamentales et de l'amener à une connaissance supérieure.

j'aurais pu me laisser mourir. Ou perdre l'esprit. Je le reconnais aujourd'hui, l'expérience aurait pu être dangereuse pour moi, à ce moment de ma vie. Mais j'en suis sortie vivante, saine d'esprit. Avec la certitude d'avoir touché une autre dimension. Il existe une autre façon d'exister, plus haute que celle que nous connaissons tous les jours, une dimension spirituelle. Vus de cette dimension, les choses, les événements, les émotions, les deuils, les souffrances n'ont plus le même sens. La vie elle-même prend un tout autre sens. Et il est possible désormais de vivre avec ce regard nouveau. Dans cette dimension, vie et mort s'harmonisent. Elles font toutes les deux partie de l'existence humaine. C'est ma grande découverte!

Aujourd'hui, je puis dire que ce programme d'études m'a laissé deux immenses cadeaux : une sorte de familiarité avec la mort, quel que soit le visage qu'elle prenne au quotidien, et une ouverture à de nouvelles formes de vie que je n'osais envisager. Avant, j'avais peur de la différence. Toute personne qui ne vivait pas selon mes valeurs, selon le style de vie que j'avais reçu de ma famille me faisait peur et j'étais prompte à la condamner. J'étais maintenant assez forte pour aller voir plus loin que ma peur. Cette capacité a d'abord pris la forme d'un engagement dans un milieu dont j'ignorais tout, celui des malades du SIDA.

Le monde des sidéens m'apparaissait à la fois proche et différent de celui des malades en phase terminale. La plupart de ceux que j'ai rencontrés à la Maison Michel-Simon étaient jeunes et, même si leur espérance de vie était limitée, ils n'étaient pas aux portes de la mort comme les malades que j'avais d'abord accompagnés. Si certains sidéens étaient bien entourés par leur famille, d'autres étaient carrément rejetés, soit à cause de leur orientation sexuelle, soit à cause de la maladie qui faisait tellement peur. Ce qui me fascinait chez ceux qui étaient homosexuels, c'était leur différence. Toute leur vie, ils avaient eu à vivre avec cette différence. Dans mon monde à moi, la différence n'était pas la bienvenue. J'avais appris de ma famille qu'il fallait travailler, être raisonnable, penser aux autres. Je découvrais des personnes qui osaient vivre selon d'autres valeurs : la créativité, l'imagination, le goût de la fête, le désir d'être soi, peu importe le prix à payer. Du coup, je commençais à envisager que l'on puisse vivre autrement, avoir d'autres valeurs, d'autres points de vue sur la vie. J'ai commencé à comprendre que la vie ne s'écrit pas en noir et blanc. Que les différences dans les orientations, dans les façons de vivre, dans les valeurs, font partie de la vie. Je découvrais qu'il n'y avait pas qu'un seul modèle à imiter pour devenir un être vivant.

Toute une panoplie de modèles existait. Pour moi, cette multiplicité de manières d'être vivants était dérangeante, menaçante même. Car je n'avais pas trouvé qui j'étais. Il fallait que j'aille chercher mes propres ressources pour exister et décider de mon style de vie. En sachant que quels que soient mes choix, ils ne seraient pas parfaits, ils seraient toujours à remettre en cause, à questionner.

Les années passées avec les sidéens m'ont obligée à explorer de nouvelles manières d'être, des façons de vivre bien différentes. J'étais confrontée à mes préjugés, à mes envies, à mes valeurs, à tout ce qui avait construit jusqu'à maintenant ma vie de femme, de mère, de divorcée. Je ne voyais plus clair parfois. Mais j'avançais, je sortais de l'isolement. Et devant moi s'ouvraient des voies pour inventer ma vie, en commençant par une relecture de ma propre histoire.

Quinze ans de bonheur

Comment se fait-il que le bonheur promis le jour de notre mariage se soit transformé en cauchemar? Bien sûr, la question n'a pas cessé de m'habiter depuis le moment de notre séparation. Elle revient, insistante, maintenant que mes assises sont plus solides. Les cours m'ont donné des connaissances et des expériences qui me permettent maintenant d'imaginer une vie avec des pertes et des deuils. Ils m'ont appris que la mort, sous de multiples formes, fait partie de la vie. Que les deuils sont en réalité des passages, des renoncements nécessaires pour entrer dans une vie nouvelle. En même temps, mon horizon s'est élargi et j'ai découvert des façons de vivre inimaginables pour moi auparavant. Je suis sortie de mon monde en noir et blanc, où j'étais toujours du bon côté des choses. Pour la première fois, je peux admettre qu'Yvan et moi nous venions de deux univers, avec des éducations différentes, des valeurs différentes. Deux façons d'envisager la vie, totalement différentes. Ni l'une ni l'autre n'était la meilleure. Je n'ai plus le monopole de la vérité, de la justice et du bien. La différence, qui me faisait si peur avant, commence à s'intégrer à mon regard sur le monde et à ma propre vie.

Et le conseil de Jean Monbourquette est toujours présent : « Allez chercher les dividendes de votre souffrance… » Je ne veux pas que toute la douleur vécue reste stérile. Je ne l'ai pas fuie, je ne me suis pas dérobée, il est temps de commencer à en voir les fruits!

Cette nouvelle attitude, je vais m'en servir pour relire mon histoire avec Yvan. Pendant plusieurs années, la séparation, avec toute la douleur qui l'a accompagnée, a occupé entièrement mon champ de vision. Penser à mon mariage, c'était penser à « Va-t-en! » Et j'ai tout fait, sans m'en rendre compte, pour oublier les premières années. À cause de la perte, ces quinze ans de bonheur ne devaient plus exister. Or, elles ont existé! Elles sont bien encore dans mon souvenir, radieuses, même si le reconnaître me fait mal. Refuser de les regarder, maintenant, me ferait plus mal encore. Ce serait me priver de l'un des premiers fruits de ma souffrance, la beauté de ces quinze années.

Quand je raconte les événements de ma séparation à mes amies, je commence toujours ainsi : « Je suis obligée de vous dire que j'ai été heureuse pendant quinze ans. » Impossible pour moi de nier cette réalité. J'ai été heureuse pendant quinze ans! Heureuse d'attendre le retour d'Yvan à la fin de chaque journée, heureuse du week-end qui commençait le vendredi soir, heureuse de préparer le repas spécial du dimanche, heureuse de porter des enfants, de garder la maison propre, de gérer la vie familiale, de prendre part aux activités de nos grandes familles, de voir à ce que tout soit à la hauteur des attentes d'Yvan. Je me sentais vivante et ça bougeait autour de moi : quatre enfants à surveiller, à soigner, à conduire à l'école ou aux activités parascolaires. Entre les devoirs et les otites, les réceptions à organiser pour les collègues d'Yvan, les vêtements à réparer et la maison à entretenir, je n'avais pas beaucoup de place pour me reposer. Mais j'étais heureuse de ce tourbillon de vie et je m'y engouffrais avec toutes mes énergies. Yvan pouvait être sûr de toujours trouver une maison en ordre, des enfants propres, des chemises et des complets pour n'importe quel événement. J'étais mariée à un professionnel, je devais être à la hauteur et toute ma petite famille aussi!

Mais, je m'en rends compte maintenant, j'étais en attente de plus en plus. Attente d'Yvan, attente de retrouver l'intimité que j'avais connue avec lui... Pendant les premières années de notre mariage, Yvan savait se faire présent. À la naissance de notre premier enfant, Caroline, alors que j'étais très inquiète d'être une bonne mère et un peu déprimée, il m'avait vraiment soutenue. Il rentrait à la maison pour le repas de midi et ne traînait pas au bureau, le soir. Il avait su mieux que moi déceler les signes d'une déshydratation du nourrisson qui aurait pu être catastrophique. Sa délicatesse lui inspirait les gestes et les paroles qui me réconfortaient. J'étais sûre d'avoir trouvé le meilleur mari du monde! Et notre famille ne faisait que commencer.

Notre vie, à cette époque, était d'une grande simplicité. Nous habitions au cœur de Québec un appartement que mes parents nous avaient cédé. J'en avais décapé les meubles et j'avais organisé l'intérieur d'une façon simple mais agréable. Nous ne manquions de rien. Avant la naissance de Caroline, alors qu'Yvan terminait ses études, j'avais enseigné, fait des ménages les week-ends et loué des chambres pour que nous n'ayons aucune dette. Cette rigueur nous avait permis de payer comptant notre première voiture et de rembourser les dettes d'études d'Yvan. Tous nos amis étaient étudiants comme nous. Il suffisait de peu de choses pour nous rassembler et nous amuser comme des fous.

Quand Yvan devient membre du barreau et entre dans un cabinet d'avocats, notre style de vie commence à changer. Il est maintenant professionnel, il a des obligations qu'il n'avait pas avant. Il devient membre puis président de toutes sortes d'associations. Il voyage, il travaille de plus en plus, de plus en plus tard. Il doit prendre des vacances parce qu'il est fatigué... Seul, puisque je dois m'occuper de la famille. Ainsi, peu à peu, nous nous installons sur deux territoires différents : lui en société, moi avec les enfants, à la maison.

Mais subtilement, le changement se fait plus profond encore. La simplicité dans laquelle nous avions commencé ensemble devient une valeur périmée. Le monde d'Yvan privilégie d'autres valeurs : avoir une maison ne suffit plus, il faut la rénover, acheter un chalet. Il faut glacer les poulets, flamber les desserts, choisir soigneusement les vins. Les enfants ne peuvent plus simplement s'amuser à pratiquer un sport, ils doivent en devenir les vedettes. Dans ce milieu, le naturel et la simplicité n'ont pas leur place. J'ai peur d'être étiquetée comme fille de la campagne et je rame pour m'adapter à ce nouveau style de vie. Yvan, lui, a toujours vécu en ville et son père, chef cuisinier, lui a fait connaître les réceptions et les belles tables. Il trouve plus rapidement que moi une certaine aisance à frayer parmi ces professionnels et ces bourgeois. Je cherche à me faire disponible aux deux mondes à la fois : celui des enfants et celui de mon mari. Je ne peux pas me permettre de décevoir l'un ou l'autre. Les deux participent à la fierté d'Yvan, à sa reconnaissance par tous comme un être exceptionnel. Ne dit-on pas qu'il a tout réussi?

Entre nos deux territoires, l'espace s'élargit de plus en plus. Je le ressens, mais je me dis que ce n'est que pour un temps. Yvan construit sa carrière, moi j'élève les enfants; un jour nous nous retrouverons… D'ailleurs, tout le monde l'aime, au bureau comme dans ma famille. N'est-il pas toujours la vedette de nos grandes fêtes au jour de l'An ou de l'épluchette de blé d'Inde de l'automne? Je le regarde et je me sens fière de lui. Cette fierté me rassure sur mon identité. Je dois être quelqu'un de bien puisqu'il m'a choisie… Et, en plus, ma mère l'aime! Il suffit seulement d'être un peu patiente : un jour, je retrouverai l'homme que j'ai épousé et nous serons de nouveau ensemble pour le reste de notre vie.

En 1976, nous sommes mariés depuis 11 ans et Charles, le dernier des enfants, a 2 ans. Nous sortons d'un copieux repas avec des amis dans un bon restaurant du Vieux-Québec. Yvan monte péniblement la côte du Palais, je m'en rends compte. À 35 ans, c'est pourtant encore un jeune homme. Mais il est à bout de souffle. Une visite à l'hôpital permet d'établir un diagnostic inquiétant, certaines artères de son cœur sont obstruées, il faut l'opérer. La panique s'empare de moi, je suis sûre de le perdre. Je me mets à prier avec une ardeur que je n'ai jamais connue. Nous avons quatre enfants, il ne faut pas qu'il meure! Ma peur est si grande que je ne peux supporter le tic tac de l'horloge dans la salle familiale, j'arrête l'horloge. Je me revois en train de faire le repassage, au sous-sol. Intérieurement, je sais que je serai seule un jour. Je le sais, mais je ne veux pas l'entendre. Et je ne le dis à personne.

Une première opération, suivie d'une seconde quelques jours plus tard, et le séjour à l'hôpital prend des allures d'événement. On dirait que le premier ministre est malade. Tout le monde veut le voir, envoie des souhaits et des fleurs. Là encore, je suis déchirée. Il me semble qu'on devrait nous laisser un peu d'intimité. Mais ces témoignages de considération sont importants pour Yvan. Je fais la navette entre la maison et l'hôpital. La nuit, quand il se réveille et qu'il a peur de mourir, il m'appelle. Le jour, la vie continue, les enfants, Noël qui approche... Je ne dors pratiquement plus. Heureusement, mes sœurs viennent me donner un coup de main. Et curieusement, dans mon souvenir, ce sera l'un des plus beaux Noël avec les enfants : après la Messe de minuit et le repas traditionnel chez les grands-parents, nous allons nous coucher. Le matin, nous nous retrouvons tous les cinq, assis par terre autour du sapin de Noël. Yvan est en sécurité à l'hôpital, je me retrouve tranquille avec les enfants. Ils ouvrent leurs cadeaux, ils sont contents, ils s'amusent... Je me sens moins pressée de retourner à l'hôpital. Tout ce beau monde auquel il faut plaire... Je commence à décrocher.

Quand Yvan rentre à la maison pour sa convalescence, la vie sociale de l'hôpital se déplace chez nous. Et c'est un défilé continuel de collègues et d'amis qui viennent le consulter ou simplement prendre des nouvelles. Notre intimité s'en trouve de plus en plus grignotée. Je suis déchirée entre l'insatisfaction que provoquent ces intrusions dans notre vie familiale et la nécessité de respecter le côté homme public de mon mari. La même année, nous entreprenons d'importantes rénovations de la maison pour lui donner un caractère plus conforme au statut d'Yvan : grand salon, moquette blanche, velours sur les murs. Désormais, nous pourrons recevoir autant qu'Yvan le souhaitera. Je serai là pour assurer la préparation et le service. Je me revois cet été-là au cours d'une importante réception : je navigue entre les avocats de langue anglaise, le poulet et Martin qui souffre d'une otite. Yvan, triomphant, sert l'apéritif. Que de promesses aux enfants pour les faire tenir tranquilles! Que de rôles imposés à Caroline, l'aînée! Tout doit tellement être parfait. Même les événements ordinaires de la vie prennent une allure de représentation. La messe du dimanche, par exemple, où les enfants doivent se retrouver dans le même banc, par rang d'âge, obéissant à l'ordre d'Yvan d'échanger leurs jeans contre un pantalon. Je peux comprendre qu'ils aient gardé un mauvais souvenir de ce genre de religion.

Quinze ans d'une vie trépidante où concilier la vie familiale et la vie sociale grandissante d'Yvan s'est révélé un véritable défi. Et j'ai tenu le coup! À part quelques rares moments où la fatigue prenait le dessus. Mais j'aimais les défis. J'aimais voir grandir les enfants, j'aimais la satisfaction d'Yvan devant sa carrière qui prenait forme. Je me sentais vivante! De plus, j'avais le sentiment de remplir ma part du contrat. Un prêtre m'avait dit : « Contente-le! » Un autre : « Sois ferme, mais bonne avec Yvan. » Il me semblait que je faisais tout ce que je pouvais pour être une bonne épouse et une bonne mère. J'étais vraiment dans ma vocation! Sa maladie m'avait fait entrevoir la pire des épreuves : le perdre. J'avais lutté de toutes mes forces contre le malheur. Ma prière à ce moment-là était bien simple : « Mon Dieu, faites qu'il ne meure pas! » La vie allait me montrer qu'il existe une autre façon de perdre un mari…

« C'est ma faute! »

Nous sommes à la fin de l'été 1980, au moment de la grande exposition annuelle de Québec. Caroline a 13 ans, Louis 10 ans, Martin 8 ans et Charles 6 ans. Yvan a toujours aimé cet événement et nous en faisons chaque année une sortie familiale. Habituellement, l'ambiance est à la détente et à la joyeuse compétition. C'est à qui sera le plus fort au jeu de massacre, qui gagnera le plus gros toutou! Mais cette année-là, je ne reconnais plus Yvan : il ne s'intéresse à rien, il s'impatiente, il bourrasse un peu les enfants. Manifestement, il n'est pas avec nous. Ce qui devait être une fête se termine dans un malaise général.

Une fois les enfants au lit, nous nous retrouvons dans notre chambre. Déjà depuis quelque temps, je me pose des questions, Yvan n'est plus le même. Je veux en avoir le cœur net : « Ça ne va pas, Yvan, tu n'es plus comme avant. Es-tu malade? Les choses vont mal au bureau, peut-être? As-tu perdu une cause? As-tu trop de travail, tu es fatigué? Est-ce qu'il y a quelqu'un de malade dans ta famille? » Il marmonne, mais il ne répond pas vraiment. J'en conclus que ce n'est rien de tout cela. À bout de souffle, j'ose plonger dans la question à laquelle je suis pourtant sûre d'avoir une réponse négative : « As-tu quelqu'un d'autre dans ta vie? » Il commence par nier. Mais je sens que j'ai touché quelque chose. Je reprends ma question : « As-tu quelqu'un d'autre dans ta vie? » Cette fois, il ne nie plus : « Oui, mais attends... »

Je quitte la chambre et je vais m'asseoir dans la salle familiale, précisément à sa place préférée pour lire le journal. À côté du fauteuil, le serin remue des ailes dans sa cage. J'ai oublié de la couvrir pour la nuit. Je pleure. Toute la nuit. Le serin est là, jaune et blanc, il bouge de temps en temps. Dans sa cage il y a de la vie, mais c'est moi qui suis vraiment en cage et la mort est passée dans la maison. La présence du serin, fragile et pourtant vivante, m'empêchera de sombrer dans le désespoir. Quand je retourne dans la chambre, Yvan dort d'un sommeil profond. Je ne le réveille pas. Je m'en vais finir ma nuit dans la salle familiale, enroulée dans une couverture de laine. Plus tard, je lui dirai que je ne serai pas à la maison cet après-midi-là, j'ai besoin de parler à ma sœur, Jacqueline. Je ne peux pas rester seule avec ce secret. Jamais je n'aurais cru...

Je me revois, ce jour-là, dans la cour avec elle. Je suis sous le choc. Je parle, je raconte, je donne à Jacqueline des détails de notre conversation de la veille, mais c'est comme si j'étais en dehors de moi, je ne ressens rien. Quand je sors du choc, c'est pour entrer dans la négation : « C'est pas possible, c'est sûrement de ma faute... » Les questions auto-accusatrices pleuvent : « Qu'est-ce que j'ai fait de pas bien? Où est-ce que j'ai manqué? Je me suis trop laissé accaparer par les enfants, je n'ai pas été assez à ses côtés, sa vie est exigeante, je ne l'ai pas assez compris... Mais, Jacqueline, je n'arrive pas à y croire, Yvan a une maîtresse. C'est pas possible. » Ma sœur essaie de m'encourager, mais je n'entends rien. Pour sortir de l'impasse, ma tête commence à prendre la direction des opérations : « Je suis déjà passée à travers les tribulations de la maladie d'Yvan, je me sortirai bien encore de cette épreuve... Je vais trouver le courage, je vais m'améliorer... Je vais faire de ce malheur une occasion de renouveler notre vie de couple! » Et je m'engage dans une prière angoissée qui ne laisse aucun choix à Dieu : « Faites qu'il me revienne! » Choc, déni, supplication, et je recommence. Je suis emportée comme un navire fou sur une mer démontée.

Pendant quelques jours, Yvan et moi, nous nous évitons. Même les regards font mal. Il part tôt le matin, rentre tard le soir. Le secret dévoilé devient une troisième personne dans notre couple.

Il est difficile de vivre avec. Yvan ne me reproche rien, il ne m'accuse de rien. Mais je prends son silence comme une accusation : « Tu n'es plus celle qui m'attire, tu es seulement une mère, tu n'es plus à la hauteur... » Je me sens laide. D'un seul coup, j'ai vieilli de dix ans.

Cette atmosphère est tellement insupportable que je décide de partir dans une maison de retraite, pour une semaine. On me donne une chambre équipée de tout le nécessaire pour préparer des repas simples. Je n'aurai à affronter le regard d'autres personnes qu'au moment du repas du soir. Pendant toute la journée, je réfléchis, je marche, je prie. De son côté, Yvan dit à ma sœur Jacqueline, au téléphone, qu'il est désolé, qu'il n'a pas voulu une telle situation, qu'il réfléchit lui aussi et qu'il s'occupe des enfants.

Quand je rentre à la maison, je redouble d'efforts pour être plus séduisante, pour améliorer ce qui pourrait encore l'être... Et j'apprends que son voyage régulier en Floride, à cette époque de l'année, il le fera avec une autre femme ! Il ne peut plus rien changer, les billets sont achetés, la chambre est réservée... Pauvre lui ! Intérieurement, face à ce nouveau coup, je change d'attitude : « D'accord, tu dis que tu l'aimes ? Va jusqu'au bout. Assume tes choix ! » Et pour lui prouver la force de mon amour, je n'hésite pas à préparer ses valises ! Des amis me disent que je risque gros, que je vais le perdre. Autant crever l'abcès, je n'en peux plus de ces allers-retours. Pour ne pas assister à ce départ, j'amène les enfants au chalet de l'un de nos amis. Yvan m'appelle de là-bas pour dire qu'il s'ennuie de moi, des enfants, que la pluie gâche le voyage. La pluie me rassure, quant à moi il peut tomber des clous sur la Floride! À son retour, il rentre chez nous. Je suis contente, je pense que j'ai gagné.

C'est Noël et, pour quelques jours, on pourrait croire que la vie reprendra son cours normal. Mais dès le matin du jour de l'An, Yvan retrouve son air absent. Il n'est plus avec nous. Je lui demande si « elle » lui manque, il dit « oui » et il s'en va de nouveau. C'est le jour de l'An le plus glacial de ma vie. Le froid extérieur rejoint mon froid intérieur. Mes sœurs, bloquées par des routes impraticables, ne peuvent répondre à mon appel. Je dois vivre ma solitude à un moment où toutes les familles sont rassemblées dans la joie. Je commence à faire l'expérience de l'absence.

Quand il revient à la maison, quelques jours plus tard, il m'annonce que c'est moi qu'il choisit, sa décision est prise. « Seigneur, je suis donc exaucée, ma prière a porté fruit! Ma stratégie était la bonne, j'ai bien fait de le laisser aller au bout de cette histoire... » Pendant une quinzaine de jours, je guette les petits mots d'excuse, je cuisine de bons petits plats... La vie semble avoir repris son cours normal. Puis les voyages recommencent, il doit aller plaider à l'extérieur... participer à des congrès... Le doute s'insinue dans mon esprit. Je fais alors appel au conseiller spirituel qui m'a aidée à préparer mon mariage. Peut-être pourra-t-il aider Yvan à saisir l'importance de la fidélité dans la vie d'un couple? Moi, ma position est claire : je ne veux pas d'un ménage à trois! Yvan dit qu'il a besoin de temps pour réfléchir. Il quitte la maison, à nouveau, pour un mois.

Il revient, penaud, en faisant des excuses. Ce n'est pas de sa faute, il a été influencé par des collègues qui avaient des maîtresses, il s'est perdu dans le travail... Mais, cette fois, il est décidé; il croit en la famille, il veut reprendre avec moi la vie de couple, il veut rentrer chez nous... Ma joie est sans mélange. Cette fois, je suis sûre que nous sommes passés à travers l'épreuve, nous allons en sortir gagnants!

À ce moment-là, j'ai cru au miracle; j'ai pensé que Dieu avait enfin entendu ma prière. Sans doute m'avait-il entendue, mais je ne lui laissais pas beaucoup de choix... Aujourd'hui, je crois que Dieu respecte nos capacités et qu'il m'a donné ce que j'étais capable de prendre à ce moment-là de ma vie : encore six ans pour tenter de recoller les morceaux et repartir à neuf. C'était ma volonté, pas forcément la sienne. Et j'ai prié avec acharnement, soutenue par la prière du petit cercle de mes sœurs qui étaient au courant de la situation. Avec les années, cependant, j'ai compris que ce n'est pas cela prier. Maintenant, je me tais plutôt que de prier de cette manière. Quand je le peux, je demande plutôt le meilleur, dans telle situation. Sans savoir ce qui est vraiment le meilleur. Et je me dispose à accueillir ce qui va arriver.

Un an plus tard, Yvan doit de nouveau être opéré pour le cœur. Sa maladie accentue ma culpabilité. Je m'applique un peu plus à lui être agréable, à devancer ses désirs. Sa convalescence à la maison vient conforter mon espérance. Nos journées ressemblent à ce que j'attends de sa retraite : promenades agréables, calme, douceur et tendresse. Je m'occupe de lui, je le gâte. Il a fait le bon choix de revenir à la maison. D'ailleurs, ne donne-t-il pas des signes qu'il est attaché à sa famille, qu'il est bien avec nous? On est sauvé!

Je le crois. Mais dès que la vie ordinaire reprend, qu'il part en voyage, qu'il recommence à rentrer tard du bureau, je m'inquiète. J'ai beau faire tout ce que je peux, me rappeler les bons moments, quelque chose en moi s'est brisé : la confiance. Comment a-t-il pu me mentir? Nous avions une telle complicité, au début... Comment fait-on pour avoir deux femmes en même temps? Si ça s'est produit une fois… Je ne suis pas tranquille. Et notre véritable situation financière, que je découvre à ce moment-là, me force à en prendre encore un peu plus sur mes épaules. En même temps, je veux faire confiance, je veux nous donner toutes les chances. Notre projet de couple et de famille en vaut le coût!

En 1984, bonne nouvelle, Yvan est nommé juge à la Cour supérieure. Je respire mieux. Cette nomination me sécurise : la santé d'Yvan est fragile, il aura à travailler moins fort, il subira moins les pressions sociales, il sera plus indépendant de ses gestes, plus libre, la tension sera moins grande… Je crois en son talent, en ses capacités. Je vais tout faire pour l'épauler. Il me semble que le plus difficile est maintenant derrière nous. Nous allons vivre selon nos moyens, rembourser nos dettes, il aura plus tard une pension confortable. Je pourrai enfin être plus proche de lui. Les enfants grandissent, ils deviennent plus autonomes, je pourrai participer aux activités d'Yvan, voyager avec lui… Oui, le plus dur est passé.

C'est ce que je crois. Mais deux ans plus tard… Il faudra bien que j'affronte une seconde infidélité. Et je n'aurai plus le choix : « Va-t-en! »

Aujourd'hui, en relisant cette partie de mon histoire, j'éprouve de la compassion pour la Gabrielle de cette époque. Elle n'existe pas réellement comme femme. Tout le sens de son existence se trouve dans l'autre, dans les autres, dans les choses à faire. Son projet de couple et de famille la met au monde. Il lui tient tellement à cœur qu'il lui est impossible de lâcher prise. C'est pourquoi elle ne peut se permettre de ressentir la douleur de l'échec. Quand elle raconte les événements à Jacqueline, elle s'étonne de ne rien éprouver. Elle est froide en-dedans, paralysée. Elle parle comme si elle parlait de quelqu'un d'autre. Elle fige, elle se replie sur elle-même, elle se protège.

Quand elle sort du choc, c'est pour plonger dans le déni. Et l'une de ses manières de nier la réalité, c'est de prendre sur elle toute la responsabilité de l'infidélité de son mari : ce qui arrive est de sa faute, c'est sûr. Elle n'est pas assez belle, pas assez intelligente et cultivée... Cette culpabilité la sert puisque, si elle est coupable, elle peut arranger les choses en changeant, elle a donc encore un certain pouvoir. Regarder les faits en face la laisserait complètement impuissante. Elle en est incapable pour le moment. S'améliorer devient pour elle un mode de survie. Elle va s'efforcer de le faire... jusqu'à l'usure.

Dans le « Va-t-en! » de la rupture, il y aura toute la charge des six années d'efforts qui ont suivi la première infidélité. Quand elle reconnaît la seconde infidélité de son mari, la décision est prise tout de suite. Il n'y a plus de place pour la paralysie du choc ni pour la négation. Elle tombe dans l'émotion pure, une émotion si envahissante qu'elle lui coupe les jambes et l'accule à la dépression. La fuite, les tergiversations, les retours en arrière sont inutiles; cette fois, elle entre dans la douleur toute nue de la séparation... d'un possible échec.

Deuxième partie

La quête de la fidélité

« J'ai un nom! »

C'est un matin comme tous les autres. Je suis devant mon miroir et pour la première fois depuis longtemps, mon image m'arrête. Je prends le temps de me regarder. Le visage, les yeux, le front, c'est bien moi. J'existe. J'existe complètement, avec tous les morceaux de moi, de mon histoire. Je ne suis pas seulement l'ex-femme d'Yvan, la mère de quatre enfants, la dernière de la famille d'Alyre et Joséphine. Je suis moi. Et en même temps, j'entends la voix de ma mère : « Gabrielle ».

Elle est la seule à m'avoir toujours appelée « Gabrielle ». Pour mes frères et sœurs, pour mes amis, pour Yvan, pour tout le monde, j'ai toujours été « Gaby ». Gaby la petite, Gaby la mère, Gaby la femme de ménage. Dans la famille, pour parler de la compulsion de la propreté, on disait « faire de la Gaby ». Ça faisait rire, mais je me sentais diminuée dans ce diminutif. Aujourd'hui, je me redresse. Et toute l'humiliation dont parlait Jean Monbourquette dans sa lettre reçue à l'hôpital glisse de mes épaules. J'existe, j'ai un nom que j'aime : « Gabrielle ».

Et j'ai envie de fixer ce mouvement dans le temps, d'en garder une trace. Je me rappelle une publicité d'un grand magasin proposant les services d'un studio de photographie. Spontanément, j'ai toujours associé photos et enfants. Il ne m'est jamais venu à l'esprit qu'adulte je pouvais profiter de cette offre. Dans cette minute, je sais que je veux une photo de moi, de la nouvelle moi. Et je prends rendez-vous.

Je n'en parle à personne d'abord, je suis si peu sûre de la réussite de mon projet. Car je veux une photo parfaite. Je choisis soigneusement ma coiffure, un chemisier qui me va bien et je vais me faire photographier, fière de moi. C'est la première fois de ma vie que je m'affiche, moi, Gabrielle, vivante!

J'attends fébrilement le résultat. Quand je vois les photos, je les aime. Elles reflètent bien ce que j'ai vu dans le miroir : une femme debout. Je peux maintenant faire ce que j'ai décidé de faire, donner une photo à chaque enfant. Je verrai bien ce qu'ils en feront : la glisser dans un tiroir sous une pile de tee-shirts ou la placer bien en vue dans leur chambre. J'avoue que je suis émue chaque fois que j'entre chez eux et que je découvre ma photo bien en évidence. Je me sens au début d'une nouvelle existence et il me semble que mes enfants me reconnaissent et m'acceptent d'emblée, inconditionnellement. Ils sont avec moi.

Cette photo de moi a un effet que je n'avais pas prévu. Quand je veux l'accrocher aux murs du salon, il devient évident que les deux autres qui s'y trouvent ne sont plus ajustées à notre réalité. La belle famille qu'elles représentent, rassemblée autour d'Yvan, doit maintenant se réinventer. Et j'ai bien l'intention de prendre ma place. Le geste de donner ma photo aux enfants signifiait que même séparée, je veux occuper toute ma place de mère. Je ne suis pas une moitié de chef de famille, je ne veux plus jouer à être le père et la mère à la fois. Je suis leur mère à part entière, même si je suis monoparentale. Ce geste a aussi le mérite de rétablir chacun dans ses rôles, moi comme mère, eux comme enfants. Nous n'en formons pas moins une famille, à nous de lui donner le visage qui nous convient.

La photo me fait ainsi sortir du passé, elle me situe dans le présent et m'ouvre un avenir : voilà où j'en suis maintenant, voilà mon visage d'aujourd'hui. Et ce visage est tourné vers un avenir à construire. Le projet familial que je croyais anéanti, je le reprends à mon compte, pour le mener à son accomplissement, non plus dans la tristesse et la honte, mais dans la fierté.

Et je dis : « Appelez-moi Gabrielle. » Mes proches, mes collègues de travail résistent : « On ne pourra jamais, on t'a toujours appelée Gaby. » Certains y arriveront, d'autres pas. Peu importe, je sais que je m'appelle Gabrielle. Reprendre ce prénom complet me resitue d'abord dans ma famille d'origine. Je ne veux plus seulement une moitié de place aux côtés de mon frère jumeau mort, je veux toute ma place. Intuitivement, certains de mes frères et sœurs comprendront l'importance de ma demande et ils en seront heureux. Je deviens plus solide, ils n'ont plus à s'inquiéter de moi. Je grandis.

Me réapproprier tous les moments de mon histoire, les plus heureux comme les plus douloureux, a donc commencé à porter du fruit. En rassemblant autour de moi les morceaux de mon existence, en les nommant, en les assumant, j'ai retrouvé une part plus complète de mon être. Je me suis déployée, et cette ouverture a entraîné la nécessité de retrouver mon nom au complet. « Je m'appelle Gabrielle. » Je le sais dans toutes les fibres de mon être et la voix de ma mère vient confirmer cette certitude. « Appelez-moi Gabrielle », veut dire que je réclame toute ma place d'être humain dans toutes mes relations. Je ne me contenterai plus d'une moitié de quelque chose, moitié d'un couple de jumeau, d'un couple de parents ou d'un couple tout court. C'est un premier pas dans la construction de mon nouveau moi. Tant d'autres sont encore à faire. Mais désormais, le mouvement est lancé, je ne voudrai plus et je ne pourrai plus l'arrêter.

Des cadres pour l'émotion

Le mouvement amorcé par ma photo ne sera complet que si je remplace celles qui occupent les murs du salon. Deux grands encadrements représentent Yvan au moment de sa gloire. Dans le premier, il est entouré de sa famille; dans le second, il est revêtu de sa toge et je me tiens à ses côtés. Pourquoi garder ces clichés qui ne disent plus rien de la situation actuelle? Mais les cadres sont beaux et conviennent encore parfaitement à la décoration, je tiens à les garder. Quoi mettre à la place des photos? Aucune de celles que j'ai amassées depuis des années ne suscite mon enthousiasme, je n'arrive pas à me décider.

Je trouve finalement ce qui me plait dans un magasin spécialisé en encadrements de peintures ou de reproductions de toutes sortes : deux aquarelles de Sylvie Brunet viendront remplacer les photos. Sur un fond bleuté évanescent, où les choses sont plus suggérées qu'imposées, la première représente cinq oiseaux blancs. L'un se tient en haut du tableau à gauche, deux autres sont placés plus bas sur une branche et deux autres enfin sont près de s'envoler. J'y vois une représentation symbolique de ma famille et mon cœur fond. Voilà exactement ce que je cherchais! La deuxième montre dans des tons de mauve, de bleu et de violet, une maison dans le brouillard d'une chute, en hiver. Il s'en dégage une atmosphère de silence, de lenteur, d'intimité. Encore aujourd'hui, je ne cesse pas d'être attirée, fascinée, par ce qui n'est pas dit dans ces paysages. Ils laissent toute la place à mes rêves personnels et ils invitent mes enfants à poursuivre leur accomplissement.

J'ai compris plus tard que ma décision de remplacer les photos de famille par des œuvres d'art avait un sens profond. Les photos fixent pour toujours un moment de la vie. Il est difficile de les regarder sans retrouver en même temps toute l'atmosphère du passé. Les œuvres d'art ont une signification qui peut changer avec les jours. Ces aquarelles allaient permettre de ne pas définir tout de suite ce que nous allions devenir, elles nous tireraient en avant vers quelque chose que nous pressentions. Déjà, nous nous y reconnaissions. Jour après jour, nous y trouverions notre place, une place que ces œuvres refléteraient sans nous enfermer.

Ça été le début de la folie des cadres! Je trouve une carte qui éveille en moi une émotion? Je la fais encadrer et je l'accroche au mur. Je l'explique aux enfants, je décris ce qu'elle suscite en moi, ce qu'elle me rappelle, ce vers quoi elle m'attire. Jour après jour, elle m'aide à découvrir, à définir mes émotions et à les vivre totalement. Puis c'est une autre et encore une autre. Mes enfants et mes amies entrent dans le jeu. Dès qu'ils voient une carte qui rappelle quelque chose que j'ai dit ou qui les fait penser à moi, ils me l'offrent. Souvent, je suis touchée en plein cœur. Je cours à ma boutique favorite, je fais encadrer la petite merveille et je l'accroche au mur. J'en parle pendant des jours, je relis le mot qui l'accompagne et qui dit souvent pourquoi ils ont eu envie de me l'offrir. Autant j'ai eu besoin des cours et des ateliers pour comprendre la mort, autant j'ai besoin maintenant de ces œuvres qui ornent mes murs pour vivre et comprendre mes émotions. Et pour les partager! Mes enfants sont les premiers témoins de ce qui me bouleverse et me fait faire un pas de plus. Ils entrent dans mon univers, en même temps qu'ils reçoivent une invitation à s'ouvrir au monde de leurs propres émotions.

Jusqu'à la saturation parfois et ils ne craignent pas de le dire : « Maman, ça suffit, on le connaît ce bout de ton histoire, fais avancer ta cassette un peu plus loin, épargne-nous les répétitions. » Je parle beaucoup à cette époque; je suis constamment en ébullition, on dirait. Chaque jour ou presque apporte son lot d'émotions et les cadres qui décorent de plus en plus les murs de ma maison leur prêtent une voix, des images pour s'exprimer, tout en venant les enrichir.

En reprenant mon nom, en m'ouvrant au monde des émotions, je me reconstruis et je reconstruis mes relations. Mais ce n'est plus seulement dans la douleur. Et mon projet familial, que je croyais perdu à jamais, commence à reprendre forme. Je le voyais comme une tapisserie aux points de croix inachevée. Maintenant, le travail de broderie a repris; de nouveaux fils, de nouvelles couleurs viennent s'ajouter. Je pressens qu'il m'en reste encore beaucoup à découvrir avant qu'il ne soit terminé, mais c'est dans l'espérance que je le vis.

Les départs

Prendre sa place, porter vraiment son nom est une entreprise qui peut sembler enivrante et elle l'est à certains moments. Mais à d'autres, elle se révèle particulièrement difficile et elle exige un effort qui donnera l'impression d'arracher le cœur. Je l'ai vécu à chaque départ des enfants. C'est Caroline qui ouvre le bal. Elle termine ses études et se retrouve avec un diplôme d'enseignante en poche. Ces années-là, les postes sont rares au Québec, elle doit donc élargir le cercle de ses recherches et elle finit par décrocher un poste à Trenton, en Ontario. Je lui recommande de prendre plutôt son temps. Je l'encourage à patienter un peu, elle est jeune encore, pourquoi se lancer aussi vite dans l'inconnu? Rien n'y fait, sa décision est prise. Triste, je dois me résoudre à voir partir ma grande fille.

Son père et moi, nous allons l'installer à Trenton pour la rentrée scolaire. Ces quelques jours en famille ne sont pas faciles. Pour la première fois, je me retrouve dans le quotidien avec Yvan et nous nous affrontons régulièrement sur les choix à faire. Je voudrais que Caroline consente à commencer modestement, Yvan voudrait le plus beau, tout de suite. Entre les deux, Caroline se révèle plus disposée à prendre le parti d'Yvan. Elle a toujours eu avec son père une relation un peu privilégiée.

L'aventure de Caroline tournera court. Après un mois d'essai, il lui est impossible de continuer, dit-elle. Elle n'est pas faite pour l'enseignement, elle n'arrive pas à apprendre l'anglais, elle n'a pas d'amis, elle s'ennuie, elle ne mange plus, ne dort plus... Sa voix au téléphone devient de plus en plus inquiétante. J'entends sa souffrance, une part de moi sait à quel point il peut être difficile de vivre loin de sa maison et de ses amis. Mais une autre part sait que le moment est venu de prendre position : il s'agit là d'un virage important pour toute la famille. Et je me rappelle le conseil de ma mère : « La plus vieille doit donner l'exemple. »

Pour être sûre de prendre une décision ajustée à la situation, je me donne une journée en pleine nature. Je réfléchis sur ce que je vois autour de moi : de grands enfants quittent la maison, fondent une famille même parfois, puis reviennent chez leurs parents pendant quelques années. Après l'épreuve des allers-retours d'Yvan, je sais que je ne veux pas revivre la même chose avec mes enfants. En imagination, je vois Caroline revenir à la maison avec tout son bagage. Si je fléchis une fois, que va-t-il se passer ensuite? Serais-je capable de fermeté avec ses frères dans des circonstances semblables? Ma décision est arrêtée : je l'accueillerai pour des vacances, pour un court séjour, mais plus à demeure. Et je dois le lui dire alors qu'elle pèse encore le pour et le contre, avant qu'elle ne quitte Trenton.

Au téléphone, je mets d'abord l'accent sur sa force : elle a réussi à faire ses études pendant un moment troublé de notre histoire familiale, elle est forte. Pourquoi n'essaierait-elle pas de tenir le coup jusqu'au congé des Fêtes? Peut-être qu'elle s'acclimaterait, qu'elle se ferait des amis et que les choses deviendraient moins dures. Inutile. Pour elle, il n'y a plus de tergiversations possibles : « Je reviens. » Je lui fais comprendre que je ne la reprendrai pas, il faudra qu'elle habite ailleurs. Et j'annonce ma décision à ses frères qui ne cachent pas leur inquiétude. À leurs yeux, je ne peux pas faire ça, elle va se décourager : « Où veux-tu qu'elle aille, elle a besoin de nous! » Yvan est outré : « On ne laisse pas un chien dehors et toi, tu laisserais ta propre fille? » Mais je crois que le temps est venu pour Caroline de voler de ses propres ailes. Et malgré ma peur de la perdre, je sais que je dois tenir le coup. Elle a choisi de partir, elle doit aller jusqu'au bout de son choix.

Avoir à me tenir debout dans de telles circonstances est trop douloureux. Ma décision, même si j'ai la certitude qu'elle est bonne, provoque en moi une panique qui me coupe les jambes. Et je me retrouve à l'hôpital. « Une crise d'angoisse, dira le médecin, d'autres auraient fait une crise cardiaque... » Mon séjour est bref, cependant. Quelques heures de soin et je suis sur pied, prête à assumer encore les suites de ma décision, même si je me sens fragile.

Le problème d'habitation de Caroline sera résolu : puisque Yvan est seul depuis le départ de sa compagne, elle ira habiter chez son père pendant quelques mois. En attendant de décrocher un poste dans l'enseignement, elle occupera un petit boulot de serveuse, le soir, dans un restaurant. Ensuite, toute la famille l'aidera à s'installer en appartement avec Pierre, son copain, en même temps qu'elle fera un remplacement dans une garderie.

L'expérience de Trenton a été rude, pour Caroline, pour moi et pour toute la famille. Mais elle a permis de tourner une page de notre histoire familiale et d'entrer dans une nouvelle étape : la séparation d'avec les enfants. J'avais appris l'importance de dire les vraies choses, même en pleurant, même en répétant les mêmes questions ou les mêmes explications. C'est ce que nous ferons, Caroline et moi, dans les mois qui suivront son retour. Une façon d'être ensemble, jamais explorée, commence à prendre forme entre nous. La confiance, la complicité même, renaissent. Malgré le deuil que Caroline a eu à faire, elle retrouve suffisamment de sérénité pour entreprendre ses propres projets. Pour moi, ces moments d'hésitation, de peur, de prise de décision seront fondateurs dans la suite de mes relations avec mes jeunes adultes. À travers ce difficile et nouveau passage, je ferai un pas de plus dans l'apprentissage de l'attachement et du détachement. Les enfants apprendront la responsabilité de leur décision et moi j'apprendrai qu'ils ne seront pas toujours avec moi. Pour grandir, ni les enfants ni moi ne pourront y échapper.

Au printemps de cette année-là, Louis termine son cours d'éducateur spécialisé. Le marché de l'emploi n'est pas meilleur et il a l'impression qu'il n'aboutira à rien. Il vit déjà en couple avec sa compagne. Ils sont jeunes, ils n'ont pas d'obligations, pourquoi ne pas tenter l'aventure? Avec Caroline et Pierre, un soir, ils fomentent des projets de voyage. Où aller? Caroline connaît quelqu'un à Val d'Or, mais c'est froid l'Abitibi... Tant qu'à partir, pourquoi pas Vancouver, à l'autre bout du Canada? Les paysages sont extraordinaires, ils apprendront l'anglais... Aussi loin, c'est l'aventure assurée! Pierre a une voiture qui fera l'affaire.

Je tremble de peur. J'essaie de les dissuader : la voiture ne tiendra pas le coup, ils ne connaissent personne là-bas, ce sera pire qu'à Trenton… Oui, mais ils seront tous les quatre, affirment-ils dans l'enthousiasme. Ne me reste plus qu'à leur rappeler mes exigences : s'ils partent, ils ne pourront plus revenir vivre à la maison. Ils le savent, ils partent quand même. Tout ce que je peux faire, c'est leur remettre une médaille de Notre-Dame-du-Perpé-tuel-Secours qui les protégera. Et ils réussiront bien à traverser le Canada sans anicroches, pour se retrouver à Vancouver où ils s'installeront, Louis et sa compagne pour un an, Caroline et Pierre pour dix ans.

Je reste seule à la maison avec deux étudiants, Martin totalement immergé dans sa musique, avec des contrats d'accompagnement qu'il décroche à gauche et à droite, et Charles sur qui je me mets à compter de plus en plus. La charge de la maison devient trop lourde, nous sommes si peu nombreux maintenant. Ce que je n'avais jamais osé imaginer devient pensable…

Vendre

Plus je me tiens debout, plus je me sens capable d'envisager des décisions importantes. Mais elles se prennent par étapes, sans précipitation, au moment voulu. Et, surtout, elles se prennent, non pas à partir de contraintes extérieures ou en réaction, mais à partir de ce que je ressens intérieurement. Mon sentiment d'être écrasée par les soucis d'entretien de la maison déclenche une sonnette d'alarme : ne serait-il pas temps de penser à vendre la maison? Il reste des choses à finir dans mon deuil et j'ai bien l'intention de le faire de la bonne façon, à mon rythme, selon un mouvement qui vient de l'intérieur de moi-même.

Le sort de la maison se règlera progressivement, en commençant par la piscine. Adolescents, les enfants en avaient beaucoup profité, l'été. Elle était devenue le lieu de rendez-vous de tous leurs amis. Ce choix avait le mérite de me rassurer : je savais rapidement où ils étaient et ils n'étaient pas isolés. Mais ces rassemblements entraînaient aussi des inconvénients dont j'étais souvent la seule à faire les frais : lessives plus importantes, courses

pour renouveler les provisions de jus ou de crous-
tilles, etc. Quand, jeunes adultes, ils commencent
à travailler et à constituer des couples, la piscine
perd son caractère de lieu de rassemblement; ils
ont d'autres intérêts. Mais si elle reste en état de
fonctionnement, la piscine exige des soins régu-
liers. Qui va s'en occuper? Réunion de famille : ou
bien chacun prend sa part de l'entretien ou bien
on s'en débarrasse. La décision n'est pas longue à
venir : on vend la piscine! Il suffit de mettre une
petite annonce dans le journal, Louis et ses amis
s'occuperont de la démonter et de refaire le ter-
rassement de la cour arrière. Yvan, qui n'a pas eu
part aux discussions, est mécontent. À ses yeux,
rien ne devrait changer; la maison, avec tout ce
qu'elle contenait au moment où il l'a quittée,
devrait rester intacte. Mais pour nous, pas question d'entretenir un monument au passé! Bien
sûr, quand la chaleur se fera insistante, il y aura
quelques regrets... mais la douche a l'avantage de
rafraîchir, tout en étant facile à nettoyer.

La vente de la piscine est un premier pas. À
l'automne, j'en fais un de plus, qui est loin de
rallier tous mes conseillers. Quand j'annonce
à mon frère responsable de mes affaires que je
veux vendre la maison, il exprime clairement ses
doutes : le moment est mal choisi, le marché n'est
pas bon... « Pourquoi te presser? Tu es en sécurité

dans cette maison. » C'est vrai, mais maintenant que Louis et Caroline sont partis, elle devient trop grande. Elle m'apparaît comme un poids de plus en plus lourd à porter. Ce n'est peut-être pas le temps du marché, mais c'est mon temps. Je n'ai plus l'énergie qu'il faut pour supporter ce poids. L'agent d'immeuble qui vient faire une première visite se montre plutôt réservé : cette maison n'a pas été conçue pour une famille ordinaire — bien sûr puisqu'elle a été conçue pour la carrière d'Yvan —, elle sera difficile à vendre... Peut-être, mais je suis sûre qu'elle trouvera son acheteur. En décembre, le panneau annonçant la vente est planté devant la maison.

Le choix de vendre la maison a été fait avec Martin et Charles. Ils vivent avec moi et connaissent bien les soucis qu'elle représente désormais. Mais pour Caroline et Louis, à Vancouver, ce choix devient une épreuve : ils ne retrouveront jamais la maison dans laquelle ils ont vécu. Comme si une trappe s'ouvrait sous leurs pieds et qu'ils tombaient dans le vide. J'ai beau leur expliquer que c'est à eux maintenant de construire leur propre maison, leur propre vie, ils ont mal et même d'aussi loin, je ressens bien leur souffrance. De son côté, Yvan ne cesse de dire que je ne peux pas faire ça aux enfants! Heureusement, les choses ne traîneront pas : en janvier, une personne vient visiter et tombe sous le charme de la maison. Celle-ci conviendra tout à fait à la famille qu'elle est en train de reconstituer avec un nouveau conjoint.

Je le savais, mon temps dans cette maison était fait! J'y suis restée neuf ans, avec les enfants, après le départ d'Yvan. Il faut maintenant passer à autre chose, aller au bout de l'entreprise qui a commencé avec les photos : « finir les choses non finies ». Ce n'est pas sans tremblement; je me sens parfois bien petite pour prendre de telles décisions. J'ai peur de me tromper, surtout quand j'entends les réticences de mon frère et la peine des enfants à Vancouver. Mais personne ne peut me faire douter que le moment est venu de franchir ce passage. Je fais encore appel à la prière, la mienne et celle de mes sœurs; la prière n'empêche pas l'angoisse, le questionnement, mais je commence à faire confiance à la vie. Je sais que ce qui arrivera sera le meilleur pour moi, pour nous. Faire confiance, me faire confiance, nous faire confiance, devient peu à peu ma devise.

La maison est vendue, j'ai un mois pour trouver un appartement et déménager. Là aussi, je sais ce que je veux : je connais un quartier où j'aimerais vivre. Il est calme, pas trop éloigné de mon travail, bien pourvu en toutes sortes de services et, attrait particulier, il possède un petit boisé ouvert à la marche en été et au ski de randonnée en hiver.

La recherche n'est pas trop longue et je tombe sur un appartement qui me convient tout à fait et qui sera libre en avril.

Déménager, c'est encore faire des choix, surtout quand on quitte une grande maison pour un appartement de trois chambres dans une tour d'habitation. La sélection est parfois douloureuse : comment faire entrer un piano dans un appartement? Il est vrai que le piano de Martin nous a sauvé la vie parfois. Mais Martin termine ses études dans quelques mois, il partira lui aussi et il possède des claviers qu'il peut transporter d'un lieu à un autre pour ses contrats. On peut donc abandonner le piano. Lui aussi, il a fait son temps, il a joué son rôle. Mais ce n'est pas un objet comme un autre que nous laissons derrière nous. Petite consolation, il appartiendra désormais à l'une de mes nièces qui en souhaitait un depuis longtemps et qui lui a réservé une belle place dans sa maison.

Dans le nouvel appartement, la répartition des chambres se fait rapidement : je prends la plus grande, au bout du couloir. Martin qui nous quittera bientôt hérite de la plus petite. Charles, qui a encore quelques années d'études devant lui, s'installe dans la troisième, un peu plus spacieuse. Nous voici trois adultes à vivre dans un même espace, plutôt réduit si on le compare à notre ancienne maison. Chacun a ses occupations, son emploi du temps, ses relations. Il y a toujours des tâches à partager, mais chacun est responsable de lui-même. Et moi, je suis libérée de l'angoisse d'une rupture de canalisation, du toit à refaire ou des taxes à payer. Pour les petits bris, je n'ai qu'à m'adresser au concierge, il s'occupe de tout. Jamais je n'ai connu une telle liberté, je n'ai même pas une plante pour m'empêcher de partir pour plusieurs jours si je le souhaite.

De plus en plus, j'essaie de fonctionner avec des décisions qui viennent de l'intérieur de moi-même. Je sais maintenant que de telles décisions, même si elles paraissent aux autres étranges ou irraisonnables, sont en réalité les meilleures. Le mouvement paraît aller de soi, mais il est plus difficile qu'on ne le croit. J'ai à m'éduquer à connaître mes besoins, à les accepter. En même temps, j'ai à tenir compte des enfants, je ne vis pas seule. Mais les besoins des enfants ne passent plus toujours avant les miens. Nous discutons, nous négocions, chacun prend sa part de responsabilité, chacun fait des compromis. Au bout du compte, la vie est tellement plus facile qu'avant et j'ai le sentiment de déployer mes ailes. Je me constitue un nouveau réseau d'amis, je découvre les méandres de mon petit boisé, je me permets d'aller au cinéma en fin d'après-midi, non sans avoir dans l'oreille, pour un temps, la voix de ma mère qui me rappelle que l'après-midi est fait pour travailler. Je souris à cette voix et je vais quand même au cinéma.

Est-ce que je peux dire : voilà jusqu'où m'a conduit le fait de reprendre mon nom? Sans doute. Mais cette suite d'événements qui marquent la construction de mon nouveau moi pourrait masquer un autre trajet, plus intérieur, et que je poursuis encore aujourd'hui. Changer la décoration, vendre une piscine, vendre une maison, tout cela n'a été qu'un apprentissage, que des petits pas dans la construction du nouveau moi, que la face visible d'un travail plus important encore qui s'élaborait à un autre niveau. Un travail qui allait me changer en profondeur et me donner une force que je ne devais plus jamais perdre, malgré les difficultés inhérentes à toute vie humaine.

Mon pèlerinage

Plus je « finis des choses », plus je suis en contact avec moi-même et plus un espace se libère à l'intérieur de moi pour quelque chose d'autre. Le fait d'avoir moins de responsabilités, moins de soucis matériels, me permet d'être moins dans le « faire » et d'entendre davantage les appels intérieurs. Et je commence à ressentir une nouvelle soif.

Je sais très bien que tout au long de mon histoire, ma foi a changé de visage : longtemps, j'ai dicté à Dieu mes volontés. Il fallait qu'il entre dans mes désirs, qu'il m'exauce. Et effectivement, d'une certaine façon, il a magnifiquement joué le jeu, il m'a donné ce que je demandais. Je priais : « Fais qu'Yvan revienne! » et il est revenu. Quand ma vie s'apaisait, je rangeais Dieu quelque part dans une armoire et je l'oubliais, longtemps parfois. Quand de nouveaux drames pointaient à l'horizon, je le ressortais, je le secouais, je le suppliais et je lui disais comment il devait m'exaucer. Mais le vrai Dieu se tenait discret quelque part et il attendait que je comprenne.

Reprendre mon nom a un curieux effet sur ma foi. Il me semble à ce moment-là qu'il est impossible d'être pleinement moi et de rester en relation avec ce Dieu. J'ai un tel besoin d'exister, de me construire, que toutes les portes doivent être ouvertes, toutes les règles doivent être éprouvées sinon abandonnées. Mettre Dieu de côté devient presque une nécessité. Je veux tout essayer, tout connaître. La foi chrétienne, qui a été la mienne depuis toujours, m'apparaît emprisonnante. J'ai besoin de la secouer de mes épaules et de me lancer à la recherche de nouvelles façons de vivre spirituellement. C'est à ce moment que je m'intéresse au Nouvel Âge, que je participe à toutes sortes d'ateliers sur les nouvelles religions, les chakras, la méditation, etc. Ma famille d'origine s'en inquiète : Gabrielle poursuit une quête dangereuse, elle va se perdre, elle va se faire exploiter…

Deux expériences fondamentales de ma petite enfance ne me quittent pas, cependant : la foi de mes parents en la Providence, rarement mise en mots, mais vécue au quotidien à travers une existence laborieuse. Et la prière suscitée par ma sœur Émilienne pour connaître sa vocation. Dans ces moments de prière, dont je ne sais même plus si elle se mettait en mots, je me sentais en contact direct avec Dieu. J'avais trois ans, quatre ans… Mais je n'ai jamais oublié la plénitude de ces moments.

Ces deux expériences sont bien ancrées dans mon cœur et elles contribuent aussi d'une certaine façon à ma division intérieure. Je suis incapable de les oublier, mais je suis tout aussi incapable de les appliquer à ma vie actuelle. J'ai devant moi l'image de mes quatre sœurs religieuses et de mon frère prêtre. Ma vie à moi est totalement différente, j'ai été mariée, je suis maintenant séparée. Comment vit-on sa foi dans une telle situation? Quelle est la vraie foi de Gabrielle, celle qui a connu ces expériences d'enfance et celle qui vit maintenant debout plus que jamais et à qui on ne fera pas croire n'importe quoi? Je me sens dans un vide total.

J'avais déjà vaguement entendu parler des Seuils de la foi, un type de catéchèse pour adultes qui intègre l'art et la foi. Un jour, le besoin s'exprime clairement : « Je veux régler ma foi. » J'appelle Claude, le responsable du certificat en pastorale du Petit Séminaire de Québec, dans le cadre duquel se donnent Les Seuils de la foi. J'explique sobrement ma situation : séparée, en révolte face à la religion, mais incapable de la mettre totalement de côté... Claude me dit seulement : « Viens voir. Si tu n'es pas satisfaite, je te remettrai ton argent. »

J'arrive un peu frileuse à la première soirée. J'ai apporté ma Bible, mais je n'y connais pas grand-chose. Je m'étais déjà inscrite à un cours d'initiation, mais j'avais eu du mal à suivre, au milieu d'étudiants de niveau universitaire qui semblaient beaucoup plus à l'aise que moi. Cette fois, il ne s'agit pas d'un cours, mais plutôt d'« un pèlerinage », nous disent les animateurs. L'idée me plaît. En pèlerinage, ce qui compte, c'est le voyage. Tu n'arrives pas tout de suite, tu ne visites pas toutes les églises à la fois. Je respire mieux dans cette perspective, j'ai le sentiment de pouvoir faire mon trajet, d'avoir mon temps. Un autre aspect m'attire aussi : les « seuils de la foi » se passent avec l'accompagnement d'œuvres d'art. Ce n'est pas seulement l'intelligence qui est concernée, mais aussi les sens, la sensibilité, les émotions. Et puis, on a le droit de s'exprimer, de dire ce que l'on vit, il ne s'agit pas seulement d'écouter. Claude et Louisette, les animateurs, se complètent bien : l'une est d'une exubérance convaincante, l'autre est calme et posé. Ils prennent avec eux deux personnes qui ont déjà fait le parcours et qui se préparent à devenir formateurs. Tous ces facteurs donnent à la démarche un côté humain qui me plaît d'emblée. Je ne suis plus dans le contexte de « crois ou meurs », je peux me permettre d'entreprendre mon propre cheminement, en suivant des guides. Je peux rester fidèle à moi-même, il y a de la place pour l'authenticité et la beauté dans ce genre de démarche.

La première étape porte le titre d'« Exode » et colle de près au cheminement du peuple de Dieu, de sa sortie d'Égypte à sa vie dans le désert pendant quarante ans. Au fil des semaines, je découvre que je suis choisie, aujourd'hui, comme le peuple de Dieu autrefois. Et comme le peuple, pour répondre à cette alliance, j'ai moi aussi à abandonner mes idoles, mes faux-dieux. Cette prise de conscience me travaille le cœur : j'ai gardé un cristal de mon époque Nouvel Âge et de temps en temps, je le serre dans ma main. Il me semble qu'il m'a aidé parfois à ne pas mourir et qu'il rayonne encore d'une force réelle. Je comprends que si je veux vraiment être du pèlerinage, je dois abandonner quelque chose sur lequel j'ai compté jusqu'à maintenant pour m'en remettre au Dieu qui m'a choisie. Je suis invité à dire « oui ».

Et ce « oui » me ramène subtilement au « oui » de mon mariage. J'en reste tout étonnée! Que se passe-t-il, je suis séparée, ce « oui » ne devrait plus avoir de sens pour moi aujourd'hui? Il appartient à mon ancienne vie! Pourtant, il avait les mêmes résonances que celui que je m'apprête à dire maintenant. Il est donc encore bien vivant… Le « oui » de mon mariage a rencontré une Présence, je la ressens encore. Ce pourrait-il que ce cadeau soit encore là? Que devient cette Présence maintenant que je suis séparée? Suis-je encore choisie? Veut-il encore de moi? Intriguée, fascinée et rassurée à la fois, je me remets doucement à prier, comme sur la pointe des pieds. Je suis choisie. « Je t'ai appelée par ton nom, dès le sein de ta mère… » (d'après le prophète Jérémie 1, 5) Bouleversée, je décide de continuer mon pèlerinage. Et dans un rite de fin d'étape, j'abandonne mon cristal sur l'autel des faux-dieux. Advienne que pourra!

La deuxième étape, « L'exil », me fait découvrir le Dieu silencieux, celui qui se manifeste dans une brise légère. Je comprends que ce n'est pas parce que je ne ressens pas sa présence qu'il n'est pas là. S'il se fait discret, c'est la plupart du temps pour nous laisser exister, pour nous permettre de devenir adulte. Dans l'exode, il gâte son peuple; sa présence est presque continuelle : il accompagne, il guide, il donne à manger et à boire, il offre une alliance, un mariage. Et il continue de le faire à certains moments dans nos vies. Mais dans l'exil, il se retire pour nous laisser grandir. L'expérience que je viens de vivre avec Caroline enracine cette compréhension dans ma réalité : prendre position face à son retour ne voulait pas dire l'abandonner, cesser de l'aimer. Au contraire, me mettre à distance, c'était l'aider à devenir adulte. De la même façon, à certains moments, Dieu se retire, pour nous permettre d'avancer. J'aurais voulu que cette présence soit toujours sensible, j'ai dû apprendre dans le quotidien que ce n'est pas parce qu'il ne m'exauce pas, comme je le lui demande, qu'il n'est pas là.

Quand je ne le sens pas, j'ai peur qu'il m'ait abandonnée. J'ai à redécouvrir sa présence mais comme dans un murmure. Et je dois m'abandonner à la confiance. C'est un passage à faire dans la foi. Comme on fait des passages dans la vie à travers les changements et les deuils. Les lectures et le soutien du groupe m'aideront particulièrement dans cette étape où je suis souvent tentée de désespérer. Ma vieille peur d'être abandonnée s'agrippe à mes entrailles.

La troisième étape, « L'humanité de Jésus », est placée sous le signe de la rencontre : celle de Jésus avec la Samaritaine d'abord. Mon goût pour les cadres et les reproductions d'œuvre d'art prend une tournure religieuse. J'affiche au mur de la chambre une belle image de Jésus en sandales, assis au bord d'un puits, en conversation avec une femme qui porte une cruche sur l'épaule. L'humanité de Jésus y est perceptible : il a un corps comme n'importe quel homme de son temps, de grandes mains, des jambes bien poilues. Et il a soif : il demande à boire, il engage un dialogue qui ira tout de suite à l'essentiel. Je suis saisie. Je découvre qu'il est possible de vivre la foi en étant profondément humain. Jésus l'a fait tout simplement, avec les gens de son temps. Il peut le faire encore aujourd'hui. Pour la première fois, je ressens ma soif, la soif d'une rencontre avec une personne qui respecte ma liberté, ma fragilité, une personne qui sait m'attendre et me parler avec des mots que je comprends. Je découvre le mot « habité ». Je suis « habitée ». Ma foi n'a plus rien à voir avec les exigences des commandements, elle devient accueil, ouverture. La même ouverture au plus grand que moi, présente au jour de mes noces, qui m'a permis de dire « oui », sans en connaître toute la portée. Un « oui » qui fait naître une joie et une paix profondes.

Comme les cartes ou les reproductions ont balisé la route de mes émotions, les œuvres d'art religieux marquent mon cheminement à travers les seuils de la foi. La Samaritaine au puits de Jacob, une belle Marie enceinte, un Jésus Bon Pasteur et les différentes illustrations de la démarche sont accrochés au mur et servent de point de départ à un dialogue avec les enfants. Martin et Charles ne disent pas grand chose, mais ils m'écoutent et me suivent dans mes découvertes, comme ils m'ont suivie dans mes étapes pour traverser le deuil de mon mariage. J'aime particulièrement les illustra-tions couleur de terre et de nature créées pour la démarche. Il me semble qu'elles disent bien que la foi peut s'incarner dans la vie. Elles me rappellent

à la fois mon signe astrologique et mon enracine-
ment dans une famille de travailleurs de la terre.

Une nouvelle fidélité

Il arrive des moments dans la vie où après avoir longtemps peiné comme sur un puzzle trop difficile, on voit soudain les morceaux prendre leur place et l'image enfin apparaître. Voilà ce qui m'arrive au cours de mon pèlerinage des Seuils de la foi. Déjà, plusieurs années auparavant, j'avais dit spontanément à un ami : « Pour me séparer et le faire comme il faut, j'ai besoin de la grâce du sacrement de mariage. » Je ne savais pas vraiment ce que je disais, mais j'ai porté longtemps cette intuition avant d'en arriver à une conviction profonde.

Cette intuition s'est d'abord exprimée sous forme de questions : que voulait dire le « oui » de mon mariage? À quoi étais-je appelée comme femme mariée, par opposition à mes sœurs religieuses ou à mon frère prêtre, par exemple? Après la séparation, ces questions prendront un caractère plus souffrant, plus troublant : à quoi suis-je appelée comme séparée, divorcée? Qu'arrive-t-il au sacrement du mariage quand on se sépare? Que faire de l'appel à la fidélité qui m'était adressé dans le sacrement du mariage? Comment vivre cette fidélité, une fois séparée, divorcée?

Ces questions ont fait ma misère et mon tourment, mais elles ont servi de terre d'accueil aux cadeaux les plus précieux que j'ai reçus. Quand j'entre dans la troisième étape des Seuils de la foi et que je fais la rencontre de Jésus, je lui demande de m'aider à trouver mon chemin dans ces questions, à trouver un sens à ce que je vis comme séparée, divorcée. Quelque chose de plus grand que notre amour a présidé à mon mariage, j'en ai encore besoin aujourd'hui, pour aller plus loin. J'en ai besoin, maintenant plus que jamais, pour remettre en question ma fidélité et découvrir comment la vivre dans la séparation. Autant « ce plus grand que notre amour » m'a été nécessaire pour demeurer fidèle dans le mariage, autant il m'est indispensable maintenant pour trouver un sens nourrissant à la fidélité dans la séparation. Le mariage est un appel à la fidélité. J'y ai répondu du mieux que je pouvais. À quelle nouvelle fidélité suis-je appelée maintenant comme séparée, divorcée? La question : « À quelle nouvelle maturité es-tu appelée? » a pris une autre dimension. Elle ne cessera pas de m'habiter tant que je n'aurai pas trouvé des pistes de réponses.

Autour de moi, je vois toutes sortes de situations : des célibataires engagées dans des œuvres sociales, des jeunes qui se préparent à la prêtrise, des familles classiques, des familles divisées, reconstituées. J'ai des amies qui après une séparation ont noué une nouvelle relation, créé une nouvelle famille et sont heureuses maintenant. Mais quel que soit leur état de vie, la plupart de ces personnes sont à un moment ou l'autre confrontées à la question de la fidélité. Comme moi. Parfois, je voudrais les oublier, mes questions, ne plus les entendre. Je me sens vieux jeu, pas à la mode, dépassée. Mais je ne peux pas balancer mon mariage par-dessus bord. Ce serait me faire violence d'ignorer mon projet de couple et de famille. Il est encore vivant au creux de mon être, je n'arrive pas à le lâcher. Et cela n'a rien à voir avec la religion : la fidélité n'est pas catholique, elle a un sens pour toutes les personnes qui ont un projet et qui y croient.

Ma rencontre avec Jésus, dans le troisième seuil de la foi, n'a pas apporté tout de suite une réponse à toutes mes questions. Elle m'a simplement permis de prendre conscience que je suis habitée, que je dois m'ajuster et me laisser ajuster à cette présence. Que c'est à partir de là que va s'inventer une nouvelle fidélité dans ma vie. Je tiens toujours à mon projet de couple et de famille. Aujourd'hui, j'ai à le vivre différemment parce que je suis séparée. Pour créer une fidélité ajustée à ma situation, je dois prêter l'oreille à ce qui bouge à l'intérieur de moi. J'ai un nouveau « oui » à dire, sans en connaître les résultats. Et je ne veux pas le faire seule.

Cette attitude d'ouverture vers l'intérieur crée, à mon grand étonnement, une ouverture avec les autres, et avec Yvan d'abord. Je commence à moins ressentir le besoin de le juger, à avoir plus de respect et d'affection pour sa personne. On dirait que le passé se met en retrait pour rendre possible une nouvelle façon d'être en lien avec lui. Je deviens capable d'une certaine empathie, de compassion, dans nos échanges.

Avec les enfants, mon attitude change aussi. Je ne peux plus les porter de la même façon. Je sais qu'ils sont eux aussi habités et qu'ils ont à s'ajuster à cette présence, peu importe le nom qu'ils lui donnent. S'ils réussissent leur vie, ils ne le devront pas d'abord à mes efforts, mais à la fidélité à leur être profond. Je suis fascinée par leur couleur à chacun et je ne peux que les inviter à rester près de leur vérité. Dans ce mouvement, je commence à apprendre le sens du mot « recevoir ». Pour une personne comme moi qui voulait tout contrôler, la découverte est de taille. Je sens que je suis importante pour eux. Ils m'aiment, ils me consultent, ils me remettent en question. Ils m'invitent à sortir de ma rigidité, ils mettent en évidence tous les « il faut » de mon vocabulaire. Par ce qu'ils sont, ils ébranlent mes certitudes coulées dans le béton, ils m'invitent à être plus humaine. Leur différence à chacun devient pour moi une invitation à plus de fantaisie et de créativité.

Le même mouvement d'ouverture se continue dans mes autres relations. Mes amis, mes proches sont habités eux aussi, j'ai moins besoin d'être sauveur pour exister à mes yeux. Je suis mieux disposée à écouter leur point de vue, mon empathie se met plus vite en place, mes limites se nomment plus vite aussi. J'ai moins de réponses toutes prêtes, ne portent-ils pas eux-mêmes leurs réponses? J'essaie seulement d'être attentive à ce qu'ils vivent et à ce qu'ils disent.

Le fait de me sentir unique pour Quelqu'un m'a remis en contact avec ce « plus grand que notre amour » qui nous a conduits, Yvan et moi, à nous engager avec confiance dans la vie de femme et d'homme mariés. Aujourd'hui, je retourne puiser à cette source pour inventer une nouvelle fidélité, une fidélité dont je perçois encore le visage comme une ombre légère, mais qui m'attire. Le « oui » de mon mariage, éprouvé, labouré, demande à s'épanouir dans la joie et dans une nouvelle fécondité. D'abord avec les miens, mon ex-mari, mes enfants, et plus largement avec tous ceux et celles qui sont mis sur ma route.

Ma mission

J'entre sur la pointe des pieds dans le quatrième seuil de la foi : « L'Église et les sacrements ». D'une part, je suis réticente à quitter le troisième seuil : l'humanité de Jésus m'a tellement fascinée; d'autre part, j'ai peur que l'on me pousse à tout prix vers un engagement dans l'Église. En même temps, je m'interroge sur tous ceux et celles qui autour de moi ont laissé tomber la religion. Que se passe-t-il pour eux? Est-ce que cette désaffection veut dire qu'ils sont moins bons, moins humains? Et ceux qui pratiquent une autre religion, est-ce qu'ils sont de moins bonnes personnes aussi? Il me semble que non. J'ai besoin de sortir du cercle de mes coreligionnaires, pour aller voir comment on croit ailleurs, comment on vit la foi, quelle qu'elle soit. Est-ce que tout le monde doit marcher dans le même sens, prendre le même chemin? Dans le cadre du certificat en pastorale, on offre des cours sur les nouvelles religions, sur l'Église dans le monde d'aujourd'hui, sur les situations morales et l'Évangile, etc. Je m'y engage. En portant toujours la même question : la fidélité à ma foi, à mes valeurs, à mon mariage est-elle toujours nourrissante? Et je comprends que peu importe la voie dans laquelle on s'est engagé, ce qui compte, ce ne sont pas les normes, les étiquettes, ou la popularité, la mode, c'est la fidélité à soi d'abord. Au troisième seuil de la foi, j'ai fait une rencontre que je ne peux pas nier. Elle colore ma façon d'être en relation avec cette Présence, avec les autres, avec moi-même. Elle colore ma façon de voir mon projet, de voir mon divorce. Je commence à dire « heureux divorce ». Je commence à comprendre que tout ce que j'ai vécu, douloureusement, dans le tâtonnement et la révolte, a un sens. Et du coup, le deuil que j'ai vécu devient un « plus » dans ma vie. Non pas quelque chose dont je devrais avoir honte, mais quelque chose qui m'aura permis de me réconcilier avec moi-même d'abord et, peut-être, d'en aider d'autres...

Denis, l'un des professeurs du certificat en pastorale, invite les étudiants qui ont suivi son cours sur la dynamique du deuil à se joindre à lui pour animer des groupes d'entraide pour personnes endeuillées. Je donne mon nom et je suis choisie pour faire partie de l'équipe. L'expérience est heureuse et continue de me faire grandir dans mon deuil personnel. Les évaluations régulières me donnent confiance en moi. Je prends conscience encore plus que tout le monde a des deuils à vivre, mais que chacun a sa manière propre de les vivre. Personne ne peut faire le trajet à la place d'un autre. Mais le groupe crée une solidarité bienfaisante et oblige à sortir de l'isolement ou du repliement sur soi. Il crée le climat de confiance nécessaire pour aller recueillir les fruits de la souffrance. Je ferai ce parcours avec plusieurs groupes, toujours fascinée par le courage de ces personnes qui veulent apprendre de leurs deuils pour vivre dans une plus grande liberté.

Sans que je l'aie prévue, cette expérience d'animation de groupes me préparait à un engagement plus profond. Denis reçoit de nouvelles responsabilités et doit abandonner son cours sur la dynamique du deuil. Claude, le responsable du programme, me propose de prendre le relais. J'ai une formation sur la mort, je connais la clientèle du certificat, j'ai une expérience personnelle du deuil et de l'animation, pourquoi pas? Mais ce n'est pas sans inquiétude que j'accepte la proposition. Heureusement, j'ai quelques mois pour bâtir mon cours et je trouverai une aide pédagogique.

Dès le premier cours, je dois annoncer mes couleurs. On m'a dit qu'il y avait parmi les étudiants des personnes du niveau de la maîtrise, fortement axées sur les connaissances intellectuelles. Mon cours, même s'il apporte des connaissances sur le processus du deuil, est conçu pour faire vivre une expérience. Comment une personne pourrait-elle en accompagner une autre, si elle n'a pas cheminé elle-même à travers ses propres deuils? « Si vous pensez quitter le cours avec un gros paquet de notes et de références, vous vous trompez, mais si vous voulez savoir où vous en êtes dans vos propres deuils, dans vos passages, vous êtes à la bonne place! » Certains résisteront, mais pas longtemps. L'une des exigences du cours consiste à construire un portfolio, c'est-à-dire une représentation de l'histoire de ses deuils, à l'aide de dessins, de photos, de poèmes. En le fabriquant et en le présentant au groupe, plusieurs auront la surprise de constater l'impact des deuils non résolus dans leur vie actuelle. Beaucoup s'émerveilleront de leurs découvertes, auront le goût d'aller plus loin et, par la suite, d'en aider d'autres.

L'expérience est très gratifiante pour moi. Chaque fois que je vois une personne faire un pas important dans sa traversée du deuil, je m'en émeus. Elle m'aide à sa façon à poursuivre mon cheminement. Je constate que mon propre travail de deuil commence à porter du fruit. Je ne suis plus isolée dans ma souffrance, elle est devenue une force sereine pour rencontrer d'autres personnes et les aider.

C'est ainsi que s'éclaire pour moi le mot « mission ». Je ne m'étais jamais posé la question avant.

J'étais dans un état de vie, le mariage; il allait de soi que le mariage et la famille représentaient en même temps ma mission. Mais je commence à comprendre que quel que soit son état de vie, chacun, chacune a à découvrir sa mission, ce pour quoi il est dans le monde. Plus je vais nommer les choses qui m'habitent, plus je vais aller dans mes deuils, plus je vais chercher à retirer les dividendes de ma souffrance, plus je connaîtrai ma mission. Et plus je trouverai la liberté pour accomplir ce qui est le plus ajusté à mon être. Mon nom deviendra de plus en plus mon vrai nom. Celui que j'ai reçu au baptême, bien sûr, mais aussi celui qui s'est enrichi de mes expériences tout au long de ma vie, mon nom dans toutes ses dimensions.

Ainsi, au fil des jours, à travers mes essais et mes erreurs, à travers mes élans intérieurs et les appels qui me sont adressés, je vois se dessiner les grandes lignes de ma mission : aider les autres à se mettre debout dans l'épreuve, à trouver leur vrai nom et à s'y ajuster! Ma prise de conscience est hésitante d'abord, j'ai peur de me tromper, de me faire illusion. Qui suis-je pour aider les autres à apprendre de leurs deuils? Je suis moi, Gabrielle, avec ma misère et ma richesse, avec ce que la vie m'a appris. C'est avec cette vérité que je peux venir vers les autres et leur proposer de faire un bout de chemin ensemble. D'ailleurs, j'aurai bientôt la possibilité de vérifier dans la pratique la pertinence de ma mission.

Dernières touches
au tableau

Les départs et les mariages des enfants viendront mettre une dernière touche à mon tableau familial. Les voici prêts à prendre leur envol et j'en suis fière. En même temps, ces séparations me permettront de prendre la mesure de la solidité de mon nom. Une solidité qui ne semble jamais acquise une fois pour toutes...

Le départ de Martin qui va rejoindre sa sœur à Vancouver et enseigner la musique dans une école privée est un moment particulièrement difficile. Martin, le rêveur, l'artiste. Il n'était pas forcément le premier à prendre sa part des tâches de la maison, mais il apportait une note irremplaçable : la musique, la beauté, la fantaisie. Grâce à lui, je découvrais l'utilité de l'inutile. Je sortais du raisonnable, si solidement ancré dans mon éducation. Grâce à lui, j'avais appris à m'arrêter, à consacrer du temps à l'écoute de la beauté. Quand il part, c'est terrible. J'ai peur de tomber dans l'ennui. On dirait qu'il emporte une partie de moi que je ne pourrai plus jamais récupérer. Je pleure pendant plusieurs jours, je ne peux pas passer devant la porte de sa chambre sans sentir mon cœur se serrer. Avec le temps, cette chambre deviendra la chambre du recueillement, du silence, une sorte de petit sanctuaire où je pourrai rester tranquille à contempler les photos de mon monde et les œuvres d'art qui marquent mon cheminement spirituel. C'est dans le silence que je retrouve ma musique intérieure.

Quelques mois plus tard, Caroline m'apprend qu'elle et Pierre ont choisi de se marier. Ils le feront en août, à Sainte-Catherine-de-la-Jacques-Cartier, en pleine nature. Je suis dans tous mes états, Yvan aussi. D'autant plus que Caroline organise tout à partir de Vancouver : célébration à l'église, choix de la musique, réception, invitations, décoration, robe, etc. Je n'ai de contrôle sur rien : c'est elle qui se marie, pas nous qui la marions. Notre premier enfant, notre fille unique! Je vérifie les motifs de leur choix : « Ne vous mariez pas pour me faire plaisir! »

Quand elle arrive à Québec, quelques jours avant le mariage, je suis surprise de sa détente. Elle sait ce qu'elle veut, elle est prête. Je vérifie les coutures de la robe qu'elle a louée, recouds quelques perles, m'assure qu'elle a pensé à tout et que tout reste dans une simplicité qui convient à ce qu'ils sont, elle et Pierre. Yvan, séparé de sa compagne, viendra seul au mariage. L'espace de quelques heures, il semble que rien n'est arrivé : il n'y a pas eu de séparation, pas de conflits, pas de déchirure. La famille est réunie. Les garçons sont fiers de leur sœur, ils font tout pour que la fête soit réussie. Je danse avec Yvan comme si de rien n'était... Mon rôle est clair, je suis la mère de la mariée. Ma robe est simple, mon maquillage discret, je n'ai aucune rivale à supplanter.

Une page est tournée quand Caroline et Pierre repartent pour Vancouver. Ils ont maintenant leur projet familial bien à eux. À eux de peindre leur tableau, de confectionner leur tapisserie avec leurs propres couleurs. Je serai toujours là, mais ils ont dans leurs mains toute la responsabilité de leur vie.

L'été suivant, c'est au tour de Louis de se marier. Je découvre la différence qu'il y a à marier un fils plutôt qu'une fille. Les préparatifs se font dans la famille de la mariée. Et s'il y a moins de soucis, d'énervement, pour le mariage d'un garçon, il me semble qu'il y a aussi moins de magie. Louis avait déjà quitté la maison, une partie de mon deuil était donc déjà commencée. Mais je suis surprise de ressentir encore le manque d'un conjoint pour partager les émotions causées par le départ de Louis; Louis l'énergie, le soleil, le sourire de la maison. Pas de chance, cette fois, Yvan ne vient pas seul à la célébration. Il a retrouvé sa compagne. Alors que nous devrions être deux familles à vivre l'événement, une troisième s'immisce dans la fête. Pourtant Louis est bien le fils de Gabrielle et d'Yvan, de personne d'autre! J'ai l'impression qu'à tout moment, il risque d'y avoir confusion : qui sera à la table des mariés, avec qui? Qui ouvrira la danse? Il me semble que je dois défendre ma place, défendre mon nom : « C'est moi la mère du marié. » La vieille blessure semble toujours prête à se rouvrir.

Troisième été, troisième mariage, celui de Charles cette fois, le dernier de la famille. L'événement prend une teinte particulière, je perds celui qui a vécu le plus longtemps avec moi, celui sur qui je me suis reposée pour tant de services ou de corvées. Malgré son jeune âge, Charles a toujours fait preuve d'une sagesse peu ordinaire. C'est un don que tout le monde s'accorde à lui reconnaître : il sait faire la part des choses, distinguer le vrai du faux, mettre en évidence les choix à faire sans laisser les émotions perturber le jugement. J'ai du mal à le laisser partir, je voudrais qu'il ne parte pas. Et je me rappelle une réflexion de ma mère, tout juste avant mon mariage : « Toi, tu n'aimes pas les hommes... » Je n'avais pas compris que c'était ce qu'elle voulait croire, ce qui aurait permis que je ne la quitte pas pour me marier, moi, la dernière de la famille. La mère en moi le comprend aujourd'hui.

Avec le départ de Charles, s'achève mon projet de famille. Je l'avais vu, ce projet, comme une broderie, comme une tapisserie à laquelle chaque événement ajoutait ses couleurs. Au moment de la séparation, j'avais cru que le tableau resterait inachevé pour toujours, et j'en étais désespérée. Puis au fur et à mesure que les enfants prenaient leur vie en main, créaient leur propre famille, je voyais le tableau se compléter. À ma grande surprise l'œuvre que nous avions entreprise Yvan et moi, dans l'amour, avait reçu une telle vitalité qu'elle ne s'était pas interrompue, malgré notre séparation. La vie s'était révélée plus forte que nos déchirures, plus forte que nos morts.

Une nouvelle fécondité

Avec le départ de Charles, la mère en moi passe au second plan. Je redeviens Gabrielle à part entière, dans le quotidien. Bien sûr, nous continuerons de nous téléphoner, de nous visiter, de nous conseiller les uns les autres, mais nos vies sont désormais séparées. Les enfants ont à construire leur propre famille, j'ai à faire l'apprentissage d'une certaine solitude. Un apprentissage qui s'inscrit dans des gestes bien concrets : couper les recettes, faire des épiceries moins importantes, entendre le silence des samedis. Mon cadre de vie doit s'ajuster, je suis célibataire.

Chaque départ réveille en moi une douleur réelle, il me renvoie à une solitude que j'ai peur de ne pouvoir apprivoiser, mais il fait naître aussi de la fierté. Il est l'occasion d'aller rechercher une parcelle de moi que j'avais mise dans mes enfants. Quand ils partaient, je croyais que je la perdais pour toujours, en réalité je pouvais me la réapproprier. La créativité de Martin, la sagesse de Charles, la vitalité de Louis, le mélange de tendresse et de force de Caroline ne demandaient qu'à s'épanouir en moi. Quand l'inquiétude se dissipait, que les larmes se séchaient, je devenais un peu plus entière, mon identité s'affirmait. Je renonçais au contrôle de la vie de mes enfants et ce détachement me permettait de m'attacher plus à moi et de trouver mes propres raisons de vivre.

C'est à ce moment-là que remonte le souvenir d'années où je me suis sentie particulièrement ajustée à mon goût de vivre. La ferveur de mon engagement de jeunesse dans la JEC est intacte; impossible d'oublier la satisfaction profonde que me donnaient le travail en équipe, les camps d'été, le brassage des idées, le partage avec les jeunes de mon âge. Comme je me sentais vivante, débordante d'énergie, créative! Est-il possible de retrouver cette ferveur dans ma vie actuelle? Pendant des années, cette vitalité s'est exprimée dans l'intimité de mon couple, dans la mise au monde et l'éducation de mes enfants, dans l'organisation de la vie de famille. Mais j'ai besoin aujourd'hui de libérer cette force vive, de lui donner de nouvelles façons de s'exprimer. J'ai besoin d'être féconde à nouveau! Je ne peux plus mettre d'enfants au monde, mais il y a tant de projets, tant de rêves qui n'attendent que mon « oui » pour prendre forme!

Quand que le directeur du programme me propose la charge du cours « Accompagnement dans le deuil », dans le cadre du certificat en pastorale, on dirait que la vie me fait un clin d'œil, à moi qui disais ne pas aimer l'enseignement. En fait, l'expérience se révèle bien différente de celle que j'ai connue dans les classes de petits, au début de mon mariage. Avec les adultes, le lien qui se construit est tout à fait particulier : nous partageons nos expériences, je suis un guide plutôt qu'un professeur. Et ce rôle me donne une nouvelle confiance en moi. Après tant d'années de vie de famille, pratiquement sans lectures, sans activités intellectuelles, je me redécouvre intelligente, capable d'une réflexion en profondeur, d'une organisation méthodique des idées et des activités, capable d'entraîner des adultes dans un voyage intérieur peu banal. Et cette expérience me rapproche de ce que je recherche : la ferveur, le sentiment de donner la vie d'une certaine façon.

Dans mon accompagnement des personnes endeuillées, le point culminant reste le moment où je les vois rechoisir la vie, alors qu'elles se croyaient anéanties avec l'être disparu. Après les avoir portées pendant des mois dans ce long passage, je ressens dans ma chair leur libération. Enfin, elles sortent de la nuit pour renaître à la lumière, enfin elles sont vivantes! Cette capacité de les attendre, de les supporter, de les accueillir dans leur cheminement vers une vie nouvelle ne peut venir que d'une source : mon propre deuil.

Voilà mon deuil qui porte fruit! La souffrance de l'échec de mon mariage aurait pu m'anéantir, elle me rend capable maintenant d'en aider d'autres à faire leur passage vers la vie. Elle me rend féconde! Dans cette fécondité nouvelle, je recueille les dividendes d'une souffrance insensée. Je peux enfin donner un sens à une perte qui en elle-même n'en avait pas! Et ce que j'appelais ma « mission » devient maintenant ma nouvelle manière de donner la vie. Se pourrait-il qu'au cœur de la mission de chacun, homme ou femme, il y ait quelque chose comme un noyau : la fécondité, le désir et la capacité de transmettre la vie, sous quelque forme que ce soit?

Quand je regarde cette deuxième partie de mon histoire, je me rends compte de l'importance des « laisser partir » dans cette étape de ma vie : laisser partir mon cristal, laisser partir mes enfants les uns après les autres, laisser partir ma maison, laisser partir les photos de famille… J'étais chaque fois invitée à abandonner une sécurité et cela ne se faisait pas sans peur. En même temps, c'est ainsi que se créait l'espace pour faire apparaître de nouvelles réalités, de nouvelles valeurs : mon nom au complet avec la fierté qui l'accompagnait, une fidélité à redéfinir dans le cadre de ma vie de femme séparée, une mission qui prendra de plus en plus le visage de la vie à mettre au monde.

Avec le recul, j'ai envie de me féliciter. Pour mon authenticité et mon courage. J'aurais pu reculer devant certaines questions profondément dérangeantes, j'aurais pu renoncer. Je ne l'ai pas fait. Bravo, Gabrielle! Je te serre la main. Et qu'elle reste ouverte, cette main, pour accueillir les personnes qui veulent passer de la mort à la vie que tu trouveras sur ta route!

Troisième partie
La célébration de la vie

Est-ce la fin?

Je regarde Yvan, allongé sur son lit d'hôpital, branché, inconscient. Son cœur qui s'est déjà remis à battre à la suite de deux opérations a lâché pour une troisième fois. Les soignants, la famille, les amis entrent et sortent de la chambre silencieusement. Certains pleurent. Il va mourir. Je le regarde, sans mots.

Une fin annoncée, bien sûr. Depuis tellement d'années, malgré de multiples promesses de cesser de fumer, de faire de l'exercice, de manger mieux, Yvan a brûlé la chandelle par les deux bouts. Comme pour forcer son cœur à vivre plus vite, plus intensément, en sachant que le jeu ne pouvait pas durer très longtemps. La ligne d'arrivée semble bien en vue, cette fois.

Je vois son corps allongé, épuisé. J'entends la respiration des machines. La vie est comme suspendue, en attente. Où est-il? Nous entend-il? A-t-il conscience de notre présence inquiète, de notre prière? Il semble déjà si loin de nous. Et dans mon cœur apparaît délicatement quelque chose qui n'a rien à voir avec la pitié : la compassion. La compassion d'un être humain pour un autre être humain qui a poussé la vie à ses limites et qui va mourir. La compassion pour une personne que j'ai aimée et avec qui je suis encore liée en profondeur. La compassion d'une épouse pour son époux. Car le « oui » qui nous a unis au jour de notre mariage n'a jamais été désavoué. Il resurgit aujourd'hui, fort, tendre et abandonné.

En même temps, c'est un « oui » libéré. Yvan a une compagne, c'est elle qui règle les visites, rencontre les médecins, cherche à impliquer les enfants qui supportent mal parfois son désir de tout contrôler. Elle s'inquiète, comme je l'ai fait lors des deux premières opérations. Moi, je n'ai plus rien à réclamer, rien à attendre. Mais le lien entre Yvan et moi existe toujours, indéfectible, malgré tout ce qui a changé autour, dans nos vies respectives. « Pour le meilleur et pour le pire » prend maintenant un autre sens.

Je reviendrai le voir chaque fois que je le pourrai, en respectant le rythme imposé par les médecins ou sa compagne, et en prenant ma place : elle et moi nous ne serons jamais en même temps dans la chambre. Si elle est là, ma présence n'est pas nécessaire. Mais j'accepte facilement de remplacer l'un ou l'autre des enfants au pied levé. Même dans le coma, Yvan doit sentir une présence auprès de lui.

Il arrive un moment où son état se détériore à un point tel que les enfants sont appelés à donner leur accord pour que les médecins débranchent les appareils qui le maintiennent en vie. Pourtant, il se bat, il veut vivre. Et sa famille d'origine ne lâche pas non plus. Dans une formidable solidarité, ses frères et sœurs font tout pour le soutenir dans son combat.

Quand Yvan sort du coma, les médecins parlent de miracle. Mais les séquelles sont sérieuses : il souffre d'aphasie. Il ne dit plus qu'un seul mot : « bibliothèque ». Pour tout dire : l'impuissance, la colère, l'impatience, le besoin, un seul mot, « bibliothèque ». Il ne sait plus le nom des enfants, il ne sait plus les mots les plus simples. Un soir, seule avec lui, je lui propose de prier et je commence à dire le Notre Père, à mon rythme habituel. À mon grand étonnement, je l'entends dire les mots avec moi. Mais il se fâche et je comprends qu'il me reproche d'aller trop vite. Je ralentis et nous poursuivons ensemble la prière, lentement.

Ce retour difficile à la vie est un choc pour moi, un choc qui entraîne le respect. Devant le mystère de cette vie humaine. Ce respect étonné, admiratif, m'accompagnera désormais chaque fois que je me retrouverai auprès d'une personne en train de mourir. La vie ne nous appartient pas, elle est bien plus grande que ce que nous pouvons en saisir. Et chacun la porte en soi, à sa manière, avec ses forces et ses fragilités, pour la manifester au grand jour. La seule attitude qui convienne devant ce mystère, c'est le silence. Le silence et l'ouverture au sacré.

Cette découverte aura un effet profond sur ma façon de rencontrer Yvan dans les jours et les mois qui suivront. J'ai vu en lui une force que j'admire, j'ai vu son désir acharné de vivre. Je peux le mesurer presque chaque jour dans les efforts qu'il fait pour réapprendre la parole et les gestes de la vie ordinaire. Il dit qu'il jouera au golf de nouveau, qu'il se paiera encore des voyages en Floride. Il y croit, il s'y accroche. Et dans sa ténacité, il devient encore le *king*, au milieu des malades du centre de réadaptation. Il faut qu'il soit le meilleur, même dans la maladie et les limites physiques. La phrase : « Est-ce que je m'améliore? », dont il nous rebat sans cesse les oreilles, devient le *leitmotiv* de cette période de sa vie.

Oui, il s'améliore, mais ses capacités ne lui permettent pas de retrouver ses fonctions de juge, il doit prendre une retraite anticipée. Ce sera pour lui un deuil important. Quitter son poste, c'est perdre un peu de son identité; c'est perdre un rythme de vie, des responsabilités, une reconnaissance sociale. Il en souffrira plus, me semble-t-il, que de notre séparation. Et ce n'est pas sans une certaine douleur que je m'en rendrai compte. Perdre son emploi a été pour lui une véritable épreuve.

La mise à la retraite d'Yvan aura des conséquences sur son salaire. Nous voici donc obligés de renégocier les arrangements de la séparation. D'abord, il ne peut même pas suivre lui-même ses affaires et je dois discuter avec des intermédiaires. Pendant des mois, la pension qui m'est due n'est plus versée. Pourtant, la vie continue; j'ai encore la maison à ce moment-là, les enfants poursuivent leurs études, les factures continuent de rentrer. Je navigue entre l'inquiétude, la rage et la peur d'être privée de mes droits. Quand il le peut, il reprend le gouvernail de son budget et les négociations peuvent enfin aboutir. Mais le climat n'est pas facile : je le vois diminué, face à une nouvelle réalité, un nouveau mode de vie qu'il n'a pas choisi; je vois les avocats qui veulent chacun gagner la partie; je vois Yvan désireux de faire plaisir à tout le monde, de ne décevoir personne… Chacun doit mettre de l'eau dans son vin et consentir à perdre un peu de ce qu'il croyait indispensable. Mais les choses se règlent enfin.

Je n'ai pas vécu cette troisième opération comme les deux premières. Surtout parce que je n'ai pas eu à assumer au quotidien les effets de la maladie d'Yvan. Une autre a eu à le faire à ma place, sa nouvelle conjointe, et j'ai été heureuse

d'échapper pour une fois à la lourdeur de la convalescence, des soins à domicile, du support affectif
et psychologique. Une fois sortie de l'hôpital, je
n'avais plus aucune responsabilité face à lui, et
j'en étais soulagée. Mais pendant cette période, j'ai
compris quelque chose, et je ne pourrai plus me
retrouver devant Yvan de la même façon. Je l'ai vu
se battre, lutter pour sa vie avec un acharnement
qui m'a surprise. Quel amoureux de la vie! Quel
homme tenace dans son désir de s'arracher à la
maladie et à la mort! J'ai été fascinée par cette
force de vie et je me suis sentie pleine de respect
devant ce mystère. J'ai accueilli cette révélation
avec un cœur ouvert, sans discuter, sans chercher à
remuer le passé. Et dans son combat, je l'ai trouvé
beau, comme au jour de notre mariage. C'est cet
homme débordant de vitalité, habité par une soif
de vivre intense que j'avais aimé et épousé. Et je
l'ai retrouvé dans le corps épuisé qui s'accrochait à
la vie, dans l'homme qui luttait pour recouvrer la
parole et l'autonomie. Je l'aimais encore. Je l'avais
toujours aimé.

Le temps des fréquentations

1996. Yvan a retrouvé suffisamment d'auto-nomie pour vivre à peu près normalement. Il réalise l'un de ses rêves, aller voir les enfants qui se sont installés à Vancouver. Pendant son absence, sa conjointe le quittera une nouvelle fois. Quand il rentre, il doit se trouver un appartement. Il est libre, je suis libre aussi. La maladie nous a rappro-chés, serait-il possible que nous vivions ensemble de nouveau? Pour le moment, la question reste ouverte.

Je vis seule avec Charles. Martin et Caroline sont à Vancouver, Louis vole de ses propres ailes. J'invite Yvan à venir voir mon appartement. Nous l'aidons à déménager dans le sien et à s'installer. Je lui donne des conseils pratiques, je le pousse à cui-siner, à faire le ménage. Les occasions de nous re-trouver ne manquent pas : cinéma, petits voyages, restaurant. Je commence à dire à mon entourage qu'Yvan est revenu dans ma vie. On me met en garde, on s'inquiète pour moi. Charles qui sem-blait content, au début, s'impatiente. Il reproche à Yvan de vouloir prendre toute la place, de s'installer au bout de la table en chef de famille. Mon médecin, qui nous connaît tous les deux depuis longtemps, me rassure : « Toi seule peux savoir ce qui est bon pour toi, laisse faire les autres… » J'ai vécu le pire, c'est peut-être le meilleur qui pointe à l'horizon? Je choisis d'écouter le mouvement qui me pousse à aller voir de ce côté-là.

Les repas au restaurant et les voyages deviennent peu à peu des occasions de relire notre histoire. Nous commençons à nous parler comme nous n'avons jamais pu le faire depuis les dix ans que nous sommes séparés, non pour discuter, mais pour nous écouter l'un l'autre dans les douleurs que nous avons vécues. Je raconte mes moments les plus difficiles, mon sentiment d'humiliation, de trahison. Je raconte mon angoisse de me retrouver seule avec quatre enfants, mon insécurité face aux dettes et au manque d'argent. Je parle de ma tristesse de vieillir seule, des émotions qui refont surface à chaque mariage des enfants et de tous les deuils secondaires qui ont entouré notre séparation : perte des amis, de la famille de l'autre… Il m'écoute, nous ne discutons pas. Et je peux l'écouter à mon tour parler de sa grande culpabilité, culpabilité qu'il a choisi de travailler en thérapie depuis quelque temps. Plus largement, nous parlons de nos familles, de notre éducation, de nos différences. Des circonstances qui ont fait que nos chemins ont commencé à se séparer. De ce qui nous a conduit à la rupture. Nous parlons et nous nous comprenons, chacun dans nos limites, sans nous juger, avec une ouverture du cœur qui n'avait jamais été possible avant. Monbourquette disait : « Quand je peux faire communier les personnes à la souffrance l'une de l'autre, quelque chose devient possible. Sinon, c'est l'impasse. » C'est ce que nous sommes en train de faire : sortir de l'impasse, communier à la souffrance l'un de l'autre, « comprendre son offenseur », dit encore Monbourquette, dans son livre *Comment pardonner?*[3].

C'est la saison du grand nettoyage. Yvan et moi nous nous racontons l'un à l'autre, nous pleurons ensemble, nous commençons à accepter que certaines difficultés n'aient pas de solutions. Nous reconnaissons que chacun de nous avait ses misères, que chacun a eu ses torts. Et au fur et à mesure que nous vidons notre sac, nous nous débarrassons des cailloux qui encombraient notre cœur. Je vois Yvan se libérer de son fardeau, je le vois reprendre vie. Et nous nous réconcilions dans la fierté et l'amour de nos enfants : finalement, ils s'en sont plutôt bien sortis. La séparation les a obligés à prendre la responsabilité de leur vie, à entrer pleinement dans l'âge adulte.

---

[3]   Novalis/Bayard, Ottawa/Paris, 2001.

J'espère revivre avec Yvan. Et plus nous guérissons nos blessures, plus la chose me semble possible. Mais je ne suis plus la jeune fille fragile de l'époque de notre mariage. En même temps que je reconnais mon amour pour lui, je sais que je ne ferai pas n'importe quoi pour retrouver le statut de femme mariée. J'ai les pieds solidement enracinés dans la réalité. Et la réalité ne tarde pas à paraître au grand jour. De plus en plus, Yvan manifeste aussi le désir que nous habitions ensemble, que nous allions passer l'hiver en Floride, que j'organise des repas pour sa famille… Un parfum de déjà entendu… Comme si mes projets à moi ne comptaient pas. Le bout de chemin que j'ai fait depuis dix ans ne semble pas l'intéresser. Tout ce qui compte, ce sont ses projets à lui, sa façon à lui de voir notre avenir. Je ne peux pas entrer dans cette perspective. Les discussions recommencent, mon malaise grandit, une barrière s'installe de nouveau entre nous.

Il m'appelle un jour pour me dire qu'il a pris une décision. « On n'est pas fait pour vivre seul », déclare-t-il. Lui, en tout cas, ne veut pas vivre seul. Et comme je ne suis pas prête à aller dans ce sens et que lui est prêt, il met un terme à nos fréquentations. Je suis triste d'apprendre sa décision. Mais en même temps, je me rends bien compte que si nous avons pu guérir du passé, nous ne nous rejoignons pas sur notre manière d'imaginer le présent et l'avenir. Nos valeurs ne sont pas les mêmes, nos aspirations ne me semblent pas pouvoir s'harmoniser. Et profondément, je suis fière de moi. Me voici donc capable à la fois de me respecter dans mes aspirations profondes, de me tenir debout, et capable de comprendre son désir de vivre à deux, même s'il ne le vivra pas avec moi. Je lui souhaite bonne chance, je lui souhaite d'être heureux. Nos routes se séparent encore une fois, mais je sais que quelque chose ne mourra jamais : le lien de notre « oui » et notre capacité de nous parler. Quelques jours plus tard, il reprendra la vie commune avec sa compagne des dernières années.

Le temps du pardon

Même si ces mois d'espoir et de fréquentations aboutissent à une séparation décisive, ils représentent l'une des étapes les plus précieuses de ma vie. Une étape qu'il n'est pas donné à tous les couples séparés de vivre, je le reconnais. Mais c'est le plus beau cadeau que je pourrais leur souhaiter. Elle laisse des traces qui donneront de la saveur à tout le reste de leur vie. Du moins, c'est l'expérience que j'en ai.

Quand je regarde cette étape, je suis d'abord fascinée. Fascinée par ce qui a rendu possible notre rapprochement. La maladie d'Yvan qui a failli le conduire à la mort m'a fait redécouvrir ce qu'il était, sa vraie nature, celle d'un homme animé d'une soif de vivre incroyable. À 23 ans, cette vitalité m'avait mise au monde, elle m'avait permis de m'accrocher à un projet de couple et de famille. Trente ans plus tard, ce noyau de son être m'apparaissait en pleine lumière, au moment où il se battait contre la mort sur un lit d'hôpital. Et j'étais de nouveau séduite. Cet homme-là, je l'avais aimé au point de construire avec lui un projet de famille, je l'aimais encore; mon amour pour ce qu'il était, essentiellement, était resté intact.

Mais cet amour avait changé. J'étais capable de reconnaître et d'aimer son être particulier, mais je ne pouvais plus me perdre en lui. J'existais moi aussi à part entière et je me respectais. Je n'étais plus menée par la passion qui pousse à se perdre en l'autre, mais simplement par le désir d'être-avec. Et cette nouvelle forme d'amour a rendu possible le grand ménage de notre histoire. Ce simple désir d'être-avec a permis une ouverture du cœur dans laquelle nous avons puisé la capacité de partager nos blessures, nos chagrins, nos rancœurs, nos pertes, nos espoirs, sans nous juger.

Le fait de relire ensemble notre histoire nous a permis d'abord de reconnaître que l'un et l'autre nous étions entrés déjà blessés dans cette relation, à cause de notre éducation et de nos expériences particulières. Que nous avions d'abord à nous pardonner chacun à nous-même, à nous accueillir chacun comme imparfait, souffrant, et que chacun nous avions eu notre part de responsabilité dans la séparation.

Ce pardon, à nous-mêmes d'abord, nous a aidés à lâcher prise sur une histoire que nous aurions voulue parfaite. Et ce lâcher prise a été si capital qu'il nous a permis ensuite de nous séparer et de continuer sur des chemins différents. J'aurais aimé reprendre la vie commune avec lui, retrouver le style de vie du mariage traditionnel, fêter avec lui notre 25e, notre 50e anniversaire de mariage. Habiter de nouveau ensemble aurait arrangé notre sécurité financière, nous aurait redonné un statut social de couple. Et pourtant, j'ai fait le choix d'être fidèle à moi-même et de renoncer à mon rêve d'un mariage parfait. Les conditions n'étaient pas réunies pour que je sois fidèle à moi-même en retournant vivre avec Yvan. Si je l'avais fait, j'aurais renié tout le chemin de croissance parcouru depuis dix ans. Impossible. J'étais à une étape de ma vie où, à travers les cours en psycho-synthèse[4], j'apprenais à goûter encore plus ce que je suis, mes valeurs profondes et mon « bien le plus recherché » : la présence à moi-même. Je ne pouvais pas y renoncer.

Nos rencontres, animées seulement du désir d'être ensemble, le fait de nous écouter, de nous accueillir chacun dans nos souffrances, nous ont permis de nous pardonner et, plus encore, de nous réconcilier l'un avec l'autre. Nous étions sortis du stade des reproches, des règlements de compte. En nommant nos blessures et nos pertes, nous

---

[4]   Approche psychologique mise en forme par Roberto Assagioli et instaurée au Canada en particulier par le père Yvon Saint-Arnaud. Pour plus d'informations voir *Psychosynthèse, Principes et techniques*, Paris, Épi, 1976 ou *L'acte de volonté*, Montréal, Centre de psychosynthèse de Montréal, 1987.

ouvrions la porte à une fraîcheur toute nouvelle dans notre relation, nous nous rapprochions l'un de l'autre. Non plus dans l'attente, mais dans le respect de ce que nous sommes profondément. Ce rapprochement ne s'est pas exprimé physiquement, mais il s'est fait au niveau du cœur, au niveau de l'être. C'est pourquoi il nous a laissé toute notre liberté au moment de faire le choix de continuer ensemble ou de nous séparer définitivement.

Cette étape de pardon-réconciliation m'a laissée avec quelques trésors que je voudrais nommer pour leur reconnaître toute leur actualité, encore aujourd'hui. D'abord, la fierté d'avoir été capable de respecter mes aspirations profondes. Je ne me suis pas trahie au nom de l'amour. Ensuite, deuxième trésor, la certitude que le « oui » de mon mariage était toujours là, profond, sincère, mais qu'il allait devoir inventer une nouvelle façon de se dire. Yvan s'engageait dans une autre relation, nous aurions encore à vivre ensemble des événements qui toucheraient notre famille, ce lien de parents ne serait jamais coupé. Mais à cause de ce que nous avions vécu dans cette étape, nous pourrions toujours nous voir et nous parler cœur à cœur. Quelque chose de « nous » restait là en profondeur, toujours vivant malgré le difficile passage de notre séparation.

Et, trésor plus important encore peut-être, je sais maintenant d'expérience que le pardon n'est pas quelque chose que l'on se donne. On peut créer l'espace, le climat, pour que le pardon arrive, mais il nous est donné. En laissant mon cœur s'ouvrir à ce que j'avais toujours aimé d'Yvan, j'ai permis que se desserre l'étreinte de la colère, de la tristesse, de la culpabilité qui empêchait la compréhension, l'échange, le respect. En osant partager notre souffrance, en mettant des mots sur nos blessures, nous avons fait entrer de l'air, de l'espace, dans notre relation et nous avons trouvé une paix profonde. Le pardon est une grâce, un cadeau gratuit, il arrive en son temps. Je ne demandais pas de miracle, j'étais déjà comblée par la paix qui s'installait après le grand nettoyage. Je ne demandais qu'une chose : la capacité de m'ouvrir à ce qui allait arriver, m'ouvrir à la gratuité. Je cessais de forcer, de chercher à comprendre, de vouloir organiser les choses à ma façon. J'étais simplement dans l'accueil. Et le pardon m'a été donné. Ma prière est devenue prière de reconnaissance : merci la vie.

La vie toujours plus forte

Il y a eu pardon et réconciliation entre Yvan et moi, sans reprise d'une vie commune, mais cela ne signifie pas que je m'installe dans un bonheur sans nuages et que toute souffrance disparaît. La vie m'offrira encore bien des occasions de me découvrir fragile. Particulièrement dans les événements qui concerneront les enfants et qui manifesteront que notre projet familial se déploie au-delà de nos espérances.

Caroline va mettre au monde son premier bébé et je réponds à sa demande d'être à ses côtés pour l'événement. Quand j'arrive à Vancouver, elle est déjà à l'hôpital. L'accouchement se révèle plus que difficile et la souffrance de Caroline semble n'avoir pas de fin. J'éprouve une telle peur de la mort de la mère ou de l'enfant, que je quitte la chambre. Après des heures de travail, grâce au dernier effort d'un médecin, Caroline sera délivrée et la petite Marie-Ève pourra enfin respirer à l'air libre.

Caroline est forte physiquement et elle récupère bien. Quelques jours plus tard, elle rentre à la maison avec le bébé. Nous nous ajustons tous les quatre à une nouvelle vie. Tout en cherchant à être efficace, je me plie au style de vie plutôt détendu de Caroline et Pierre et je profite des avantages du climat de la côte Ouest en hiver. Rapidement, les jeunes parents font la preuve qu'ils ont les qualités nécessaires pour s'occuper d'un enfant. Leur manière de respecter les besoins et le caractère de Marie-Ève suscite mon admiration. Je n'ai pas de doute, elle pourra se développer à son rythme dans l'amour et la compréhension de ses deux parents.

Yvan, qui est en relative bonne santé, annonce sa visite. Il est impatient d'apprendre l'art d'être grand-père. Nous retrouver, ensemble, dans la même maison, ne va pas de soi, même à 6000 kilomètres de chez nous. Ce n'est pas pour rien que nous ne sommes pas allés jusque-là dans notre réconciliation. Je comprends vite que je n'ai pas le monopole de la perfection, que lui aussi veut être un grand-père parfait. Ses questions sur sa manière de faire, son besoin incessant d'être rassuré, nous tombent un peu sur les nerfs. Décidément, la maison n'est pas assez grande! Je suis soulagée quand il rentre chez lui. Malgré la réconciliation entre nous, certains événements auront encore le don de nous confronter à nos limites. Mais ils me permettront chaque fois de vérifier où j'en suis dans ma guérison et de faire un pas de plus.

D'habitude, une naissance vient solidifier le lien qui unit un couple, dans mon cas, elle vient plutôt révéler mes faiblesses. Rien n'est acquis une fois pour toutes, même si j'ai un long bout de chemin derrière moi. À chaque mariage, chaque naissance, la douleur se réveille, pas toujours aussi intense, mais toujours présente. Entraînant aussi dans son sillage un sentiment de fierté : celle d'être passée au travers, sans rien nier. Et d'une fois à l'autre, je me retrouve un peu mieux outillée. La souffrance est moins longue à s'apaiser. Je me sens moins démunie et je peux admirer la beauté de la vie qui continue dans nos enfants et nos petits-enfants.

Après Marie-Ève, voici Francis, le fils de Charles et Valérie. Yvan et moi, nous sommes ravis. Mais c'est un peu sur la pointe des pieds que nous vivons cette nouvelle naissance, la discrétion s'impose aux beaux-parents. Assister ma fille dans son accouchement a été une expérience intense qui m'a donné de revivre mes propres accouchements. J'ai forcément plus de distance face à l'arrivée de Francis, mais l'attachement n'en est pas moins solide.

Naîtront ensuite Mathieu, Florence, Alex-Ann et William, et Christopher, fils de la conjointe de Louis, fera son entrée dans la famille. À chaque nouvelle arrivée, je me retrouve émerveillée. Notre projet prend une ampleur à laquelle je n'avais pas osé rêver. Quand je regarde nos deux familles assister aux mariages et aux baptêmes, je mesure le miracle de la vie. J'avais cru mon projet cassé en deux avant qu'il n'ait pu donner ses fruits, et voici qu'il s'épanouit sous mes yeux, avec la seule force de la vie qui veut manifester toute son originalité. Ma fierté d'avoir eu quatre enfants et de les avoir menés jusqu'au jour où ils donnent naissance à leurs propres enfants n'a pas de mots. La vie est un immense cadeau.

Dernier rendez-vous

2001. La santé d'Yvan cause de nouveau des inquiétudes : les crises se succèdent, les allers-retours à l'hôpital reprennent de plus belle. Son angoisse augmente et fragilise encore un peu plus son cœur. Il ne peut plus rester seul, il lui faut des soins constants. Je suis chez Caroline quand j'apprends qu'il a eu une crise pendant son repas des Fêtes avec Louis et Charles. Les garçons ont réussi à le réanimer et à le faire entrer à l'hôpital. À Vancouver, nous sommes sur le qui-vive : faut-il attendre, faut-il rentrer de toute urgence? Impuissante d'aussi loin, je pense au sacrement des malades. J'appelle Jacqueline et lui dis mon inquiétude. Elle contactera une agente de pastorale de l'hôpital et dans les jours qui suivent, Yvan sera administré en présence de Louis et de Charles. Nous commençons à faire nos valises, quand Louis m'appelle : le sacrement semble avoir eu sur Yvan un effet radical. Tout de suite après, il s'est dressé sur son lit, il a reconnu ses enfants et demandé à boire. Encore une fois, il s'en est sorti!

De retour à Québec, je vais le voir à l'hôpital. Il a repris des forces, mais pour combien de temps? Afin de retarder l'échéance, les médecins lui proposent d'installer un cardio-stimulateur défibrillateur. Dès le début d'une crise, l'appareil lui donnera un choc électrique qui remettra le cœur en marche. Mais à l'expérience, Yvan se rend compte que le choc est si violent qu'il a peur de tout ce qui risquerait de déclencher le mécanisme. L'angoisse du choc électrique devient plus grande que l'angoisse de la crise. La situation ne pourra pas durer très longtemps, nous le sentons bien.

Faut-il faire venir les enfants de Vancouver? La vie arrange les choses bien mieux que nous l'aurions fait nous-mêmes : Martin, profitant d'un voyage à Ottawa avec un groupe d'élèves, poursuit sa route jusqu'à Québec. Rapidement, il peut mesurer le sérieux de l'état de son père puisqu'il est témoin d'une entrée d'urgence à l'hôpital. Ce sera sa dernière chance de le voir vivant, il doit retourner à Vancouver pour la fin de l'année scolaire.

Quelques semaines plus tard, ce sera au tour de Caroline de venir voir son père. Son passage sera l'occasion d'une réunion de famille comme nous n'en avions jamais eu depuis la rupture. Yvan parle beaucoup de lui et de sa souffrance des années de séparation. Il demande pardon aux enfants de les avoir laissés. Ceux-ci ont du mal à accueillir ce besoin de faire la vérité. Devant la fragilité de leur père, ils sont mal à l'aise d'avoir à retourner dans le passé. Ils l'invitent plutôt à prendre soin de lui dans le présent.

Cette ouverture permettra peut-être à Yvan de faire un pas décisif. Au cours de ses visites à l'hôpital, il a rencontré un accompagnateur spirituel avec lequel il s'est senti particulièrement à l'aise pour parler de ses affaires personnelles. Il manifeste le désir de le revoir et je lui propose de l'y conduire avec Caroline. Quand il sort de cette visite, il annonce que son grand ménage est fait et manifestement il en est très heureux. Le lendemain, Caroline retourne chez elle à Vancouver, ils se font leurs adieux. L'un et l'autre savent bien qu'ils ne se reverront pas. Le moment est déchirant, mais chacun a la satisfaction d'avoir fait et dit ce qu'il souhaitait.

Quelque temps après, Yvan entre de nouveau à l'hôpital : il ne supporte plus le cardio-stimulateur défibrillateur et même s'il sait qu'il a toutes les chances de ne pas survivre à une prochaine crise, il choisit de le faire enlever. On le lui retire un lundi matin. Le mardi, il m'appelle et nous nous parlons longuement au téléphone. Il meurt paisiblement le mercredi.

C'est la sérénité engendrée par l'échange des pardons et la réconciliation qui nous a permis d'être véritablement ensemble dans ces derniers moments. Tout au long de son parcours vers la mort, je n'ai pas manqué d'occasions d'accompagner Yvan physiquement, psychologiquement et spirituellement. Comme les choses essentielles étaient dites, ma façon d'être présente était moins verbale, plus discrète, ajustée simplement à ses besoins. Quand il était encore valide mais inapte à conduire, j'allais le chercher de temps en temps pour un repas au restaurant. Nous parlions de sa maladie, des enfants, mais les regards et les moments de silence prenaient de plus en plus de place. L'essentiel était d'être ensemble. Nous savions que nous n'avions plus beaucoup de temps.

Jusqu'à la fin, il a suscité mon admiration, parce que jusqu'à la fin, il a été vivant. Quand il choisit de faire enlever le cardio-stimulateur défibrillateur, il prend une décision dont il connaît toute la portée, mais il la prend comme un être responsable qui assume toute sa vie. Bien sûr, il a peur, mais vivre dans l'angoisse du choc électrique, ce n'est plus vivre. À partir de ce moment, il s'abandonne à la vie simplement, celle qui sait reconnaître son terme.

Ce mercredi-là, je visitais l'un de mes beaux-frères paralysé et j'étais sans cesse au bord des larmes. Je ne comprenais pas cette vulnérabilité. Je savais seulement que ça pleurait en moi. En rentrant à la maison, je trouve un message de Charles : Yvan est décédé. Je le rappelle pour en savoir plus : a-t-il souffert? Il semble que non. Il a mangé avec sa famille puis il a voulu faire une sieste. En se réveillant, il a inspiré, comme pour reprendre son souffle, et le cœur s'est arrêté de battre.

Je veux être avec les enfants et je me rends à l'hôpital. Nous y restons un bon moment à échanger sur les derniers événements, puis nous quittons ensemble la chambre. À la porte de l'hôpital, je prends soudain conscience que le corps d'Yvan est toujours là, sur son lit, je ne veux pas le laisser seul. Je retourne auprès de lui et je lui parle jusqu'à ce que l'on vienne chercher le corps. Charles m'attend en bas. Nous allons ensuite chez Louis, où nous prenons du temps pour parler de la vie et de la mort de l'homme qui a occupé une telle place dans notre vie. J'appelle ensuite l'une de ses sœurs et je vais rencontrer sa famille. Il y a plus de trente ans, cette famille m'avait accueillie; aujourd'hui, je sens le besoin de partager avec elle mon chagrin. Puis je rentre chez moi et je me prépare pour l'arrivée des enfants et pour les funérailles.

Notre séparation reste bien visible dans les derniers rituels qui marquent le départ d'Yvan. C'est mon ex-mari qui est mort, le père de mes enfants, mais il a une autre conjointe. Je veux seulement être à ma place, et sa famille d'origine tient aussi à prendre sa place. Au salon funéraire, chaque famille trouve spontanément l'espace qui lui convient, et tout se passe dans la paix et le respect. Louis et Charles organiseront les funérailles avec la conjointe et la famille d'Yvan.

Ces funérailles sont à la hauteur de l'homme public qu'il était et me mettent dans une sorte de jubilation. Je connais son goût pour le chant, pour les belles mises en scène, et je me dis qu'il est servi au-delà de ses plus beaux rêves. J'en suis profondément heureuse et je fête avec lui son entrée dans la paix. L'hommage rendu par les enfants clôt la cérémonie sur une note de vérité et de fierté. Rédigé par Charles, il est lu par Charles et Louis, entourés de Caroline et Martin. Pour moi, ce message vient boucler notre projet familial entrepris le 16 août 1965. Quatre enfants s'adressent à leur père et disent comment il a marqué leur vie. Parce que je suis de tout cœur avec eux, je ne peux faire autrement que citer ici cet hommage :

« Salut Yvan!

On est nombreux aujourd'hui à venir te voir. Je suis convaincu que tu es très heureux de ça. Je sais que tu aimais bien être entouré de beaucoup de monde. Tu as marqué la vie de toutes ces personnes dans de longs ou de tout petits moments, mais suffisamment pour qu'elles soient toutes ici, avec toi. En ton nom, je leur dis merci!

« Pour moi, si j'ai choisi d'être ici aujourd'hui, Yvan, c'est simplement pour parler de toi. Je crois qu'on pourrait parler bien longtemps. Probablement que tout le monde ici aujourd'hui aurait un petit mot à te dire, un petit mot qu'on pourra te confier en tout temps maintenant que tu es si bien placé pour nous écouter.

« Pour moi, Yvan, je dirais : quoi de plus important pour toi que de te sentir aimé, de te sentir apprécié par ta famille, tes proches, tes amis, d'aimer à ta façon, avec tes qualités, tes défauts, ta personnalité. Un amour qui, à travers tes multiples expériences de vie, a su grandir et se nourrir de tes souvenirs.

« Pour toi, Yvan, le travail a toujours occupé une place primordiale dans ta vie, un travail que tu adorais et qui a permis de manifester l'homme de prestance, l'homme de très grand charisme que tu étais. Pour arriver là où tu es arrivé, il fallait quelqu'un d'intelligent et je crois que cette réussite personnelle a toujours été une source de grande fierté pour toi.

« Tu as également marqué nos vies de façon importante par ton goût de vivre. Malgré des moments plus difficiles, ton goût de te battre ne s'est jamais démenti, même si la lutte était devenue depuis quelques mois tout à fait insoutenable. Malgré cela, tu as quand même su prendre le temps de te respecter afin de partir en paix avec toi, une paix qui, maintenant, je le sais, t'habite pour toujours.

« Maintenant, aide-nous, veille sur nous, veille sur tes enfants et tes petits-enfants comme tu l'as toujours promis.

« Pour terminer, je te dis merci! »

Grâce au beau temps, la réception qui réunit les familles et les amis a lieu en plein air, dans un jardin. En prolongement de la messe des funérailles, elle représente une véritable célébration de la vie d'Yvan, avec sa contribution particulière à la société. En serrant les mains, je retrouve non seulement des personnalités publiques, mais aussi des personnes qui nous ont accompagnés à l'une ou l'autre des étapes de notre vie commune. Et c'est un plaisir sincère de voir qu'elles en gardent un souvenir chaleureux et qu'elles ont tenu à venir lui rendre hommage. Manifestement, il laisse des traces de son passage et son message est clair : « Vivez maintenant! » C'est aussi notre souhait le plus profond, à nous cinq qu'il laisse derrière lui. Et nous croyons que nous n'avons pas une minute à perdre : en partant de la fête, nous allons nous baigner et nous nous retrouvons tous ensemble, dans mon petit appartement, détendus, émus, pour repasser les grands moments de la vie d'Yvan et nous féliciter de la chance que nous avons eue de lui faire nos adieux alors qu'il était encore vivant. La vie nous avait préparé ce cadeau très spécial, un cadeau qui nous permet plus que jamais de partir en paix vers notre propre vie.

L'héritage

Aujourd'hui, je reste fascinée et troublée par ce qu'il m'a été donné de vivre avec Yvan, dans les dernières années. J'ai besoin de reprendre un à un les cadeaux qui ont marqué cette étape et de saisir le fil ténu mais solide qui les relie l'un à l'autre. Je les ramène en pleine lumière pour en goûter encore toute la beauté.

Le premier cadeau qui m'a mise en marche vers une relation nouvelle avec Yvan est à la fois une émotion et une prise de conscience : la découverte de mon amour durable pour un homme pénétré du goût de vivre, au moment où il se bat contre la mort sur un lit d'hôpital. Je reconnais là le cœur de sa personnalité et j'y adhère de nouveau dans l'admiration. Le lien qui nous a unis au jour de notre mariage n'est donc pas cassé. Après des années de souffrance et de misère, de colère et de déchirement, il se fait de nouveau sentir, plus fort et plus vrai que jamais. Mais je n'en suis plus captive. En passant par la douleur et les prises de conscience, ce lien est devenu quelque chose d'inconditionnel et de libre à la fois.

Le deuxième cadeau devient possible grâce à l'ouverture créée par le premier, c'est le pardon et la réconciliation. Pour en prendre toute la mesure, je me rappelle le premier Noël de notre séparation. « Pauvre Yvan, il n'aura pas les enfants avec lui pour fêter Noël, ce sera dur. » En prenant conscience de ce monologue intérieur, je m'étais mise à cuisiner pour lui des pâtés à la viande et des beignes. C'était, je le croyais sincèrement, une manière de lui dire que je lui pardonnais. En réalité, ce n'était que l'étincelle de ce qui allait s'allumer pour vrai, dix ans plus tard. Pardonner ne se fait pas sur un coup de volonté. Il m'a fallu labourer mon terrain pendant dix ans pour accueillir le pardon qui nous a permis de nous pardonner et de nous réconcilier. Mais ce pardon était un véritable don, par-don. Il est venu au bout d'un long travail, toujours comme une grâce. Et c'est lui qui nous a permis de remonter dans notre histoire commune, non pour avoir raison, mais pour nous retrouver l'un et l'autre dans le respect.

Les passages de Martin et de Caroline, juste avant la mort d'Yvan, ont été l'occasion de faire aussi les premiers pas sur le chemin d'un pardon familial. Au cours d'échanges sur l'épreuve de la séparation, Yvan a senti le besoin de demander pardon à ses enfants. À partir de ce moment-là, un sentiment de libération paisible lui a permis de s'en aller, le moment venu, et à nous de le laisser partir. Toute la famille a pu vivre les funérailles dans une certaine sérénité. L'hommage rendu par les enfants manifeste bien la pacification qu'ils avaient retirée des derniers moments passés avec leur père. Une page de notre histoire familiale se tournait, nous étions capables d'aller de l'avant.

Ce cadeau du pardon et de la réconciliation en manifeste un troisième qui se trouve en filigrane du pardon et d'une multitude de dons que j'ai reçus tout au long de ces années : la gratuité. Ma démarche de pardon s'est faite dans la gratuité, c'est-à-dire sans rien attendre de l'autre, tout en croyant profondément en lui. J'ai retrouvé cette gratuité dans les dernières étapes de notre vie, mais je me suis rendu compte qu'elle avait aussi été présente aux moments les plus difficiles. Dans la rupture, les chicanes, les batailles avec les avocats, j'ai toujours senti dans le regard d'Yvan ce quelque chose d'inconditionnel, de gratuit. Je n'en ai pas toujours eu conscience, et je n'ai pas voulu la ressentir, sans doute. Mais je l'ai retrouvée quand nous avons recommencé à nous voir régulièrement. À ce moment-là, j'étais peut-être mieux préparée à la reconnaître puisque j'en avais fait l'expérience avec les différents thérapeutes qui m'avaient accompagnée.

Avec eux, j'ai toujours senti un accueil inconditionnel. Pas question d'aller vite, pas question de forcer quoi que ce soit. Ils étaient là pour moi, accueillant sans juger ce que je vivais. Ils m'ont ainsi permis d'aller chercher tout ce dont j'avais besoin, de rassembler les morceaux de mon moi, de me réapproprier mon nom. Chacun a eu ses forces. Quand je suis arrivée chez Denis, mon premier thérapeute, j'étais épuisée et je ne savais plus quoi faire pour m'améliorer. Je me comparais à une maison absolument propre et parfaite, mais une maison vidée, sans forces. C'est à partir de chez lui que je suis entrée à l'hôpital. Le psychiatre de l'hôpital m'a écoutée, les yeux ronds, pendant deux ans. Avec lui, j'ai surtout cherché à comprendre, cherché avec ma tête : pourquoi Yvan m'avait été infidèle? Pourquoi ça nous arrivait à nous? Je ne pouvais pas faire autrement. Lui, il ne cessait de m'inviter à démasquer, à me démasquer, à nous démasquer. Je me suis mise à suivre des cours, des ateliers de croissance et j'ai rencontré un autre Denis, qui m'a fait découvrir « le petit jumeau » ou « la petite jumelle » que chacun porte à l'intérieur de soi. Ils m'étaient révélés à un moment où j'avais tellement besoin de me comprendre. Denis en parlait avec chaleur, comme d'un présent à se faire à soi-même. J'ai voulu partir à la recherche de ma jumelle. Et pour m'accompagner dans cette recherche, Denis m'a aiguillonné vers Claude. Je suis arrivée chez Claude en disant que je voulais « régler ma sexualité ». C'était tout le goût de la vie que j'avais investi dans mon projet de couple et de famille que je voulais me réapproprier. Il m'a fallu des années pour retrouver ce goût de la vie et je n'en ai pas fini encore. Claude m'accompagne toujours avec patience et fermeté. Cette expérience humaine de la gratuité, de l'accueil inconditionnel, m'a permis de m'ouvrir à la gratuité de Dieu, au par-don. Et de toucher l'amour avec un grand A. Entre le geste d'offrir les pâtés à la viande et les beignes du premier Noël et l'échange des pardons, il y a eu dix ans. Il m'a fallu dix ans pour apprendre à recevoir dans la gratuité.

L'expérience de la gratuité m'a été indispensable pour me permettre de m'offrir un quatrième cadeau, celui d'aller chercher mon dû « jusqu'à la dernière cenne ». Je me rends compte qu'en parlant ainsi, Monbourquette ne parlait pas seulement des choses matérielles, mais de tout ce qui s'est mis en place dans la fondation d'un projet de vie, dans la profondeur de la relation. J'aurais bien voulu m'épargner ce travail, j'aurais bien voulu échapper à cette reconquête. Mais je me serais privée de l'une des plus grandes joies de ma vie : le pardon et la réconciliation. Et je me serais privée de l'étape d'accompagnement d'Yvan jusqu'à la mort. Cent fois j'ai été tentée d'abandonner, cent fois je me suis relevée pour entrer dans ma blessure et comprendre ce qu'elle avait à me dire. Je n'aurais pas pu le faire sans l'accueil inconditionnel de personnes dont la tâche et le charisme étaient d'être là, pour moi. Je suis contente d'être entrée dans cette blessure, je suis contente d'avoir dépassé mes peurs, celle de renouer avec Yvan, par exemple, après dix ans, malgré les mises en garde de mon entourage. Après ces nouvelles fréquentations, même si nous sommes partis chacun sur notre propre chemin, nous nous sommes unis dans un nouveau mariage, dans une communion intime. Mon intérieur a cessé d'être dévasté. L'étape du pardon nous a laissés réconciliés en profondeur et c'est dans ce climat que nous avons pu vivre ensemble sa marche vers la mort.

Voilà mon héritage, voilà mon bien le plus précieux. Il est le fruit de mon travail, bien sûr, de mon acharnement à traverser la souffrance, mais il est aussi, simplement, un cadeau de la vie. Je ne me suis pas dérobée, c'est tout.

Accepter l'autre

Comment savoir d'avance jusqu'où nous mènera le processus amorcé par l'échange des pardons et la réconciliation? Les surprises de la vie sont incroyables et j'ai eu encore une fois la possibilité de le vérifier après le départ d'Yvan. Chose certaine, agréables ou désagréables, ces surprises ne se retrouvent pas pour rien sur notre route. Elles sont l'occasion de vérifier la profondeur de la guérison et de faire l'apprentissage d'une liberté toujours plus grande.

Les derniers rituels qui ont accompagné sa mort : l'exposition du corps, la messe des funérailles, la réception des parents et des amis, la remise de l'urne au funérarium, m'ont permis de boucler l'aspect physique de ma relation avec Yvan. De la même manière que le mariage m'avait fait entrer dans un projet, ces rites ont marqué la fin de ce projet. Et cette démarche s'est faite aussi publiquement que notre mariage. Autour de son corps, nous nous sommes rassemblés, parents et amis, et je me suis réappropriée toute l'histoire de mon mariage dans la chaleur des poignées de mains. C'est donc en étant entièrement présente que j'ai pu participer à ces gestes d'adieu.

En même temps, je les ai vécus comme ex-épouse, femme séparée, c'est-à-dire dans la considération d'une autre personne, la seconde conjointe d'Yvan qui l'a, elle aussi, accompagné jusqu'à sa mort. Elle faisait partie de sa vie, elle avait occupé une place importante auprès de lui dans les dernières années. Il était nécessaire de prendre en compte cette réalité, pour respecter aussi la vie d'Yvan et notre histoire dans son ensemble. Mais ce désir d'assumer la réalité allait se révéler autrement plus exigeant que je ne l'avais d'abord cru.

À travers les nombreuses négociations qui avaient ponctué notre séparation, Yvan avait toujours clamé son désir de me protéger et de protéger les enfants. La pension de femme de juge devait me revenir entièrement. Pour protéger cet acquis, j'avais même accepté de perdre certains autres avantages, assurances, etc. Or, voici que sa conjointe réclamait sa part de la pension. Pour brouiller encore un peu plus le paysage, le gouvernement venait de proclamer une nouvelle loi sur la manière de distribuer la pension aux juges qui avaient partagé leur vie avec plus d'une conjointe. Désormais, cette pension serait versée au prorata des années de vie commune avec l'une et l'autre.

Ce sur quoi j'avais compté depuis tant d'années pour assurer ma sécurité risquait de m'échapper, du moins en partie. Nous n'avions aucun pouvoir sur l'application de cette loi par le gouvernement. Elle existait depuis peu de temps et personne ne savait au juste comment elle se traduirait dans les faits. Il fallait attendre. Mais pour une autre partie du règlement de la succession, je me trouvais devant une nouvelle bataille à mener, cette fois avec la conjointe de mon ex-mari.

J'ai bien failli m'écrouler. J'avais tellement espéré ne plus avoir à vivre ces bagarres par avocats interposés. Je croyais tellement en la justice de la justice. Le pardon et la réconciliation avaient créé en moi un tel climat de paix qu'il me semblait impossible de reprendre la lutte pour aller chercher encore une fois mon dû « jusqu'à la dernière cenne ». C'est sans doute quelque chose de la force d'Yvan qui m'a amenée à faire tout ce qu'il fallait pour faire respecter mon droit. En lien avec lui, j'entreprends mon dernier combat avec, au cœur, cependant, une plus grande capacité à m'abandonner à la vie.

Les choses traînent, s'embrouillent et finalement nous nous retrouvons au Palais de justice. Curieusement, ce que je ressens ce matin-là n'a pratiquement rien à voir avec les événements qui nous ont conduits là, mon fils Louis et moi. Je ressens une joie sincère à me retrouver dans le milieu qu'Yvan a tellement aimé. Comme s'il me faisait un clin d'œil en me ramenant sur son terrain. Je repense à lui dans sa toge, je l'imagine circulant dans les couloirs, entrant dans la salle d'audience, discutant avec ses collègues. À mes yeux, ces lieux sont encore tout remplis de sa présence.

Pendant que nous attendons dans une petite salle, nos avocats respectifs négocient. Finalement, ils en viennent à une entente, entérinée par les deux partis : il n'y aura pas de procès. Nous avons cédé chacune quelque chose et nous nous donnons la main pour manifester notre acceptation. Je lui souhaite de vivre sa vie et j'ai bien l'intention de prendre la mienne à bras le corps. Louis dira avec moi : « Mission accomplie ». Il a joué son rôle, il a protégé sa famille. Pour moi, je suis allée jusqu'au bout dans le respect de moi-même et de mes droits. Je me rends à l'évidence, la vie nous donne ce dont nous avons besoin. De la même façon que j'ai porté l'urne contenant les cendres d'Yvan seulement sur une partie du trajet, pour ensuite la remettre à sa conjointe, de la même façon, elle et moi nous aurons notre part d'héritage.

Veuve, mère et grand-mère

En allant jusqu'au bout dans les rituels du deuil et dans la réclamation de mes droits, j'ai aussi la conviction d'être allée jusqu'au bout dans la réalisation de mon projet familial. Même si ce n'est pas d'une façon conventionnelle et dans l'accomplissement de toutes les obligations, j'ai la certitude d'avoir respecté mon projet de couple et de famille. Et cette conviction m'apporte d'autant plus de joie que je peux voir mon projet s'épanouir dans mes enfants et mes petits-enfants.

Mais j'ai à le vivre physiquement seule, maintenant. Les gens ont beau dire que je suis veuve, il me faut du temps pour entrer dans ce nouveau statut. J'ai été « séparée » si longtemps. Ce n'est que peu à peu que je comprends la liberté nouvelle que me donne l'état de veuve. Et particulièrement, en exerçant mon rôle de grand-mère. Yvan est parti, mais il reste présent à ses enfants et à ses petits-enfants. Une présence dégagée de ses propres misères, de ses propres limites. Une présence parfois mieux ajustée que la mienne à certaines situations. Je lui demande de m'aider à trouver ma façon à moi d'accompagner mes grands enfants et mes petits-enfants. Je lui demande de m'aider à voir clair, à comprendre quand il faut me retirer, quand il faut me taire pour écouter. Je peux lui parler de tout, je lui demande conseil, je lui confie certaines responsabilités qui me semblent mieux accordées à ses capacités. Étant lui-même en paix, dégagé, il peut m'aider à aider les enfants de la bonne manière. Et il me rappelle que, de la même façon qu'il a eu tout ce qu'il fallait pour mener sa vie à son terme, chaque enfant a tout ce qu'il faut pour construire son propre projet.

Rapidement, nous serons confrontés à cette absence-présence d'Yvan, dans un événement heureux qui rassemblera toute la famille, un mois seulement après son départ : Martin se marie. Événement heureux oui, mais qui ne se vit pas sans une réelle tristesse. Pour la première fois, Yvan ne sera pas là au mariage de l'un de ses enfants. Il ne conduira pas son fils à l'autel, il ne lui donnera pas ses derniers conseils, il ne chantera pas sa chanson favorite à la réception, il ne fera pas danser la mariée. Son entregent ne pourra plus s'exercer pour faciliter le rapprochement de deux familles qui se connaissent à peine. Yvan est mort, nous ne pouvons plus compter sur lui. La prise de conscience est difficile pour chacun des membres de la famille, même si parfois dans les mariages précédents sa présence était plutôt source de frustrations. Cette fois, il est définitivement parti et chacun ressent cette absence à sa manière, sans vraiment mettre de mots sur ce sentiment, par peur d'éveiller trop d'émotions. Nous ne sommes plus que cinq.

Martin est sensible à cette absence. Il est incapable, à certains moments, de cacher ses larmes. Le mariage se déroule dans un cadre exceptionnel, le grand domaine des parents de Maude. Sa mère est une artiste, elle et son mari ont veillé à ce que tout soit beau, simple et d'un goût très pur. Mais Martin a perdu d'importants repères et s'en trouve déstabilisé : c'est lui d'habitude qui choisit les chants de la célébration et qui accompagne ensuite tous ceux et celles qui veulent pousser une chansonnette après quelques verres de vin. Aujourd'hui, il n'a plus qu'à se laisser entourer, fêter, avec sa jeune femme. Dans ces circonstances, Louis trouvera un rôle ajusté à ses capacités. En prenant sa place de grand-frère aux côtés de Martin, il le sécurise et lui redonne le droit d'être heureux, en toute simplicité. Cette intervention de Louis arrive à point. Depuis longtemps, j'ai renoncé à jouer à la fois le rôle de mère et de père. En Louis, Martin trouve l'aide nécessaire et je suis définitivement écartée d'une fonction qui n'était pas la mienne. Nous avions chacun à faire l'expérience concrète du départ d'Yvan et à nous resituer, à redistribuer les responsabilités dans la famille en fonction de ce départ.

Le lendemain, dans la matinée, nous nous retrouvons tous autour de Maude et Martin. La célébration d'hier s'est terminée par un lâcher de colombes. J'y vois un rappel du symbolisme de l'une des aquarelles qui décorent encore mon salon. Les unes après les autres, mes colombes à moi s'envolent. Mon dernier fils est marié. Et ce mariage nous a fait un cadeau : il nous a donné l'occasion d'accueillir notre souffrance du départ d'Yvan, de la vivre. En passant par cette souffrance, nous nous sommes, les uns et les autres, ouverts un peu plus encore à la vie. Désormais, mes quatre enfants ont une famille à bâtir. Et comme si la vie, qui a pris sa source en Yvan et moi, brûlait de manifester toute sa vitalité, trois petits-enfants naîtront cette année-là : Mathieu, Florence et Alex-Ann. Je vis ces naissances en dialogue avec lui : « Regarde la suite de notre mariage, regarde les fruits de notre projet. » Bien sûr, sa mort est présente, mais la vie est encore plus forte que la mort. Un lien tout à fait nouveau est en train de se créer entre lui et moi, sur lequel la mort n'a pas de prise.

Aujourd'hui

Laisser-partir. L'invitation ne vaut pas seulement pour Yvan, pour les enfants, elle vaut aussi pour moi : me laisser partir vers de nouveaux horizons. Et j'y réponds d'une façon bien concrète, en donnant une nouvelle forme à mon bénévolat. Je continue à donner des cours pour la formation des personnes qui veulent accompagner les endeuillés, mais je ne fais plus d'animation de groupes. J'ai besoin de repartir à neuf. Prendre des cours peut-être? Une voix m'invite plutôt à fermer mes livres, à aller à la rencontre de la vie sur un nouveau terrain. J'ai besoin d'un temps d'arrêt, de repos. J'ai besoin de redevenir Gabrielle à plein temps, dans la simplicité de mon aujourd'hui. Est-il possible d'être simplement, au rythme du cœur? Oui, j'en fais chaque jour l'expérience. Le titre de l'un de mes livres de chevet traduit bien cette couleur particulière que je souhaite donner à ma vie désormais : *L'abondance dans la simplicité*[5].

---

[5]   S. Ban Breatnach, *L'abondance dans la simplicité. La gratitude au fil des jours*, Montréal, Éditions du Roseau, 1999.

Je m'engage auprès des sans-abri à la maison Lauberivière et dans un organisme d'entraide au téléphone, Écoute-Secours. J'accomplis ainsi mon petit passage quotidien de la mort à la vie. Et là encore, la vie dans sa simplicité, dans sa nudité parfois même, me rattrape et m'émerveille. Accueillir, écouter, visiter des personnes démunies ou malades mentalement me fait toucher du doigt de nouvelles facettes du mystère de la vie. Et je le dis à Martine, la responsable : « J'ai l'impression de recevoir plus que je ne donne. » Elle m'invite à accepter de recevoir, à le goûter vraiment. J'en ai encore un peu peur, j'ai tellement appris qu'il fallait être généreux, donner, donner. Ici, je reçois. De personnes qui n'ont rien ou qui sont si fragiles dans leur être. Et je reçois l'essentiel, rien d'artificiel.

Mon propre goût de la vie que je suis allée reprendre dans la mort d'Yvan, c'est mon héritage. Je le déploie à ma façon, il s'habille de mes couleurs à moi, il s'ajuste de plus en plus à mon nom : le goût de vivre de Gabrielle. Comment pourrait-on souhaiter plus bel héritage?

Mais, de plus en plus, je découvre que je ne suis pas seulement allée rechercher ce que j'avais déposé en Yvan, je reprends à mon compte aussi ce que j'ai reçu de mes parents. Je pense au courage et à la détermination de ma mère et je lui dis merci. À travers elle, j'ai compris qu'on ne lâche pas et je m'en suis servie pour me reconstruire. Il y a un vrai plaisir dans le fait de recueillir les fruits de son acharnement, une fierté vraie. Je n'ai jamais lâché, même si à certains moments j'en ai voulu à ma mère. Je lui dois quelque chose de ma détermination à aller jusqu'au bout.

J'ai vu aussi la bonté et l'amour inconditionnel de mon père. Je l'ai vu aussi dans sa difficulté à harmoniser sa tendresse aux exigences de la vie et à sa relation avec l'énergique Joséphine. Avec Joséphine, il ne fallait pas se laisser aller ou se plaindre. Et j'ai retrouvé cette tendresse, cet amour de la vie, chez Yvan. Quand j'ai pu le laisser partir, j'ai aussi pu reprendre cette bonté, et en faire une attitude nuancée selon mes couleurs à moi.

Il y avait le courage de ma mère, la bonté de mon père et chez tous les deux une foi inébranlable en la Providence. Ils n'en parlaient pas, ils la vivaient. Et cette confiance est entrée dans mes fibres à ma naissance, je n'ai jamais pu m'en départir.

Voilà jusqu'où j'ai été poussée par l'étape du pardon et de la réconciliation : à reprendre mon héritage. La grâce du pardon a fini de nettoyer la blessure, elle m'a libérée, elle m'a rendue capable d'accueillir la vie, celle que j'avais reçue de mes parents, celle que j'avais vécue avec Yvan, avec les enfants, celle qui m'était donnée dans le quotidien tout simple. Elle m'a ouverte à une volonté plus grande de vivre. Non pas la volonté au sens volontaire du terme, mais la volonté que j'ai découverte en psychosynthèse, celle qui éprouve du goût pour la vie, pour les grandes valeurs, et qui peut choisir d'harmoniser tous les mouvements qui concourent à la vie.

L'étape du pardon, je peux le dire pour l'avoir vécue, desserre le cœur. Elle donne un souffle nouveau. Cette sensation fait un peu peur, mais il est agréable de sentir que l'air ne rentre plus de la même façon dans les poumons. Le rythme cardiaque change, l'oreille rentre à l'intérieur et se met à entendre les nouveaux battements du cœur. La nouveauté de ces battements dérange au début, mais elle instaure une nouvelle sensibilité, une nouvelle façon d'être en lien avec soi-même, avec les autres, avec tout ce qui nous entoure. Et ce sera ainsi jusqu'à la mort.

La réconciliation a été pour moi le point de départ d'une vie nouvelle, elle a fait naître un nouveau moi qui demande à vivre. Pardonner à Yvan, pardonner à mes parents et aller chercher dans l'allégresse l'héritage qu'ils m'ont laissé me donne toute la force nécessaire pour être pleinement moi. Je n'ai plus besoin d'être une autre. J'ai seulement envie de goûter la vie, de rire, d'être heureuse, de m'amuser, d'aimer. Pourquoi faudrait-il toujours plisser le front, être sérieux? La vie est si belle, si étonnante, quand on la laisse s'exprimer.

Épilogue

J e regarde une photo du repas de mes fiançailles et je reste saisie. Tout était là, en germe! Déjà, dans mes choix de ce jour-là, dans ma façon d'être en relation, dans ce que je me permettais et m'interdisais, dans ma manière d'accueillir l'amour, dans mon besoin d'être choisie, se trouve le moteur de ce que sera ma vie.

J'ai connu Yvan dans un camp de la JEC, l'été. Un grand garçon jovial, plein de vie, toujours prêt à rendre service, toujours prêt à sauter dans la voiture pour aller faire les courses ou ramener quelqu'un. Étourdissant, généreux, drôle. Mais déjà en moi planait une interrogation que je n'ai peut-être pas assez écoutée : comment se fait-il qu'un étudiant du cours classique ait tant de mal à s'arrêter pour réfléchir, pour décortiquer un texte, pour échanger en profondeur? Ne pourrait-il pas nous aider à aller un peu plus loin dans notre réflexion? On dirait que le plus important pour lui est d'amuser tout le monde et tout le monde est prêt à entrer dans le tourbillon qu'il crée.

Puis, un jour, il me pose la grande question : « Je suis épris de toi. Est-ce réciproque? » Je reste sans voix. Je bredouille que je vais réfléchir... Mais un monde inimaginable vient de s'ouvrir devant moi : « Enfin, je suis aimée! » Je tourne et retourne ses mots toute la nuit, éblouie. Il y a bien une petite hésitation, à laquelle je m'empresse de clore le bec, n'y trouvant pas de véritable réponse :

— Est-ce le type d'homme que j'aime, qui m'attire?

— Je vais apprendre à l'aimer. Il est tellement plein de vie, bon, humain. Déjà, je suis heureuse de son bonheur.

Sans m'en rendre compte, je suis en train de faire basculer mon propre univers. Fascinée par l'idée d'être choisie, j'oublie que j'ai un travail qui me passionne : responsable de la JEC pour le diocèse. J'aime aller de collèges en écoles, susciter l'engagement des jeunes. J'aime l'équipe avec laquelle je travaille. J'aime bâtir des projets, fournir des outils de réflexion, rencontrer du monde. La déclaration d'Yvan me prend par surprise. Alors, le désir? Je ne suis vraiment pas là!

J'aurais un deuil à faire, celui d'un engagement dans lequel je me sens vivante. Mais je ne le vois pas et je n'y entre pas. Une sorte de confusion s'installe en moi : je vais devoir quitter le monde de la JEC, mais la demande d'Yvan ne vient-elle pas confirmer la décision que j'ai prise à la fin de mon cours à l'École normale? La vie religieuse qui a attiré quatre de mes sœurs et l'un de mes frères n'est pas faite pour moi, j'en ai la preuve. Je veux me marier, avoir des enfants. Et lui aussi veut une maison pleine d'enfants! Il serait même prêt à s'exercer un peu d'avance! Il se fait pressant et je dois entrer dans le rôle de celle qui dit : « Non! Pas avant le mariage! » Tout de suite, je choisis le côté sérieux du projet. Le rire, le plaisir pour lui, le respect des règles pour moi. « On ne commence pas par la fin! »

À la fois troublée et attirée, j'en arrive à ne plus savoir si le mariage est ma vocation et je cherche à en parler avec une personne de confiance. Je vais trouver un prêtre que je connais bien et je lui demande de m'aider à mettre Dieu au cœur de mon projet et à discerner si ce garçon est bien celui qui m'est destiné.

Je peux le dire maintenant, l'histoire de mon mariage s'est enracinée dans les résultats de ce discernement qui correspondaient bien à mes valeurs familiales. Il n'était pas courant chez nous de parler d'obéissance aux lois de l'Église. Cette fidélité se vivait au quotidien, à travers les événements de la vie ordinaire. Elle allait de soi, comme une fidélité à soi-même et à ses engagements. Et c'est l'un des cadeaux que j'ai déposé dans ma corbeille de mariage, sans bien m'en rendre compte. Déjà, dès le départ, « quelque chose de plus grand » que notre seul désir, que nos rêves, est entré dans notre projet. Mais à ce moment-là, et pendant toutes les années de notre vie commune, il m'a semblé que j'étais la seule à le souhaiter, à lui donner de la place. J'aurais aimé l'approfondir davantage, l'intégrer à notre vie quotidienne, comme mon travail à la JEC m'avait appris à le faire. Mais je n'arrivais pas à mettre ce besoin en mots et à le partager avec Yvan.

La photo noir et blanc traduit un peu le gris qui a flotté dans l'atmosphère du jour des fiançailles. Pourtant, l'une de mes sœurs et son mari avaient tout fait depuis plusieurs semaines pour que la fête soit une réussite. La table était ornée aux couleurs de Pâques et le repas promettait d'être inoubliable. C'était toute la fierté des gens de la campagne qui se préparaient à accueillir les gens de la ville. Et voici que mon fiancé arrive les bras chargés de roses rouges. Des roses éblouissantes qui recouvrent tout, qui éteignent les couleurs de Pâques. On ne voit plus que les roses, on ne parle plus que des roses. Je devrais être heureuse, je suis envahie par une certaine tristesse. Pour les miens, pour ce qui est en train de se mettre en place, je le sens obscurément : la prédominance du paraître sur l'être. Ma famille n'est pas habituée au grand monde. Elle se défend mal contre la splendeur des roses, contre ce qui éblouit. Peut-être même est-elle séduite. Je le devine dans le regard d'admiration de ma mère posé sur mon fiancé. J'aurai du mal à lutter contre cette séduction, au moment de ma séparation. Ils ne comprendront pas que je quitte un homme si charmant, « qui sait si bien faire les choses ».

Je voudrais reculer. Ce premier engagement officiel n'a pas l'intensité que j'espérais, à laquelle j'avais tant travaillé. Il me semble que nous prenons une voie où mes aspirations à la profondeur seront déçues. Mais il est trop tard. C'est ce que je crois. Et j'enferme ma déception au plus creux de mon silence.

Les choses à faire pour préparer le mariage me sauveront pendant un moment. Je quitte la JEC pour l'enseignement aux petits. Après l'école, je fais des ménages, histoire de mettre un peu d'argent de côté. Yvan est étudiant en droit à plein temps. Je m'investis totalement dans la confection du trousseau, comme on dit à l'époque, et la préparation du logement. Ma mère m'aide et m'encourage. Peut-être est-elle plus amoureuse que moi du garçon qui réussit à faire naître le plaisir dans notre famille si raisonnable. Il entraîne tout le monde dans sa joie de vivre. Et puisque tout le monde est conquis, comment pourrais-je ne pas l'être aussi?

Ce 14 août 1965 est resté bien gravé dans ma mémoire. J'avance dans la grande allée de l'église paroissiale, au bras de mon père. Enfin j'existe pour quelqu'un! Je me sens vivante, pleine d'avenir. J'ai un projet, je m'y engage vraiment et je demande à Dieu de m'aider à être généreuse et donnée.

Oui, j'avance au bras de mon père et j'en éprouve une très grande fierté. Pour la première fois, mon père me reconnaît, je suis unique pour lui. Juste au moment où je vais me séparer de lui. Il aurait fallu que le temps s'arrête et que je prenne tout le temps nécessaire pour quitter mon père avant de passer au bras d'un autre homme. Si mon besoin d'attention avait été comblé durant mon enfance, aurais-je été plus libre, plus lucide, devant celui qui me faisait l'honneur de me choisir?

À genoux, face à l'autel, il me semble que j'entre dans un autre monde. Il y a, en avant, une Présence qui m'attire, que je reconnais sans vraiment pouvoir la nommer, l'Invité de mes noces. Il est au rendez-vous et je m'abandonne avec confiance.

La sortie au bras d'Yvan sera euphorique. Sous les confettis, au son de la marche nuptiale, je suis toute à la joie d'être mariée. La réception qui rassemble les deux familles sera joyeuse et simple à la fois. Puis arrive le moment de quitter les invités pour partir seule avec mon époux.

Le voyage de noces sera plus troublant. Tous les interdits tombent, mais je ne sais pas comment faire, comment être. Mon mari est doux, délicat. Et silencieux. Moi, je ne sais pas trop… La tendresse, l'amour, le désir… Comment m'y abandonner? Je me suis tellement préparée, mais je ne suis pas prête à cela! Au retour, ma mère dira simplement : « Pourquoi vous dépêcher? Vous avez toute la vie devant vous… »

Notre vie s'organise. Nous travaillons fort tous les deux. Je ne me sens pas de dispositions pour l'enseignement aux petits, mais je fais la classe durant quelques années, pour permettre à Yvan de compléter ses études. Je rêve d'une vie simple, avec une famille heureuse et sérieuse. Lui, il rêve de promotions, de fêtes, d'honneurs. Il ne se contentera pas du peu auquel mon éducation m'a habituée. Il faut penser plus beau, plus grand, plus connu, plus convenable pour sa profession. Je comprends et je fais de mon mieux. Ne sommes-nous pas mariés? Je dois épouser ses aspirations.

Oui, tout était là en germe, dans cette photo de nos fiançailles. Ce qui nous a unis, ce qui nous a séparés et ce qui nous réunira à la fin. Son amour de la vie et son charme, mon manque de confiance en moi et ma capacité d'aller jusqu'au bout. Nos besoins maladifs d'être aimés, d'être choisis, notre bonne volonté à tous les deux, nos façons différentes de nous engager... Nous avions 20 ans. Et c'est avec tout cela dans le même panier, que nous allions avoir à construire les trente prochaines années, avec nos enfants. Deux êtres humains, avec leurs forces et leurs fragilités, unis par un projet dont il n'est pas sûr qu'il soit tout à fait le même pour l'un et pour l'autre. Mais ils ne sont pas seuls dans ce projet, une force plus grande qu'eux est entrée dans leur vie commune en même temps que leur « oui ».

Au moment de finir ce livre, une image s'impose à moi, plus forte que n'importe quelle photo, celle d'une petite fille tout occupée à cueillir des fraises. Elle choisit les plus belles, en ramasse tant qu'elle peut. Elle les équeute avec soin, enlève toutes les saletés; elle remplit son vase à ras bord, sans en manger une seule. Puis elle court les offrir à sa mère. La mère est absorbée par ses travaux de couture ou de cuisine, elle lève à peine les yeux sur le précieux cadeau. D'ailleurs, elles ne sont peut-être pas si mûres ces fraises-là, il n'y en a peut-être pas assez pour qu'elle ait envie d'y goûter. Et la petite fille comprend qu'il n'y a qu'une seule chose à faire : retourner dans le champ, trouver de plus belles fraises, en trouver plus, pour qu'enfin la mère consente à s'arrêter, à prendre une fraise, à y goûter en fermant les yeux, puis à regarder la petite fille avec un sourire d'une totale tendresse. Et la petite fille recommence... recommence. Pour qu'un jour, son don soit parfait, et qu'elle soit enfin aimée et reconnue.

Aujourd'hui, je sais qu'il y a cent façons d'aller aux fraises et que j'ai continué à le faire à travers mon mariage, croyant de cette façon « mériter » cette reconnaissance et cet amour. L'épreuve de la séparation m'a obligée à apprendre que j'avais le droit d'aller aux fraises pour moi-même, de cueillir et de déguster avec plaisir les bonnes choses de la vie. Ce simple geste me donne toujours le sentiment d'exister et me remplit de reconnaissance à l'égard de la vie.

Mais, plus encore, en écrivant ce livre, j'ai découvert une présence discrète et patiente qui se tenait à mes côtés pendant toutes les années où je travaillais si fort à cueillir les fruits qui me rendraient aimable. Lui n'avait pas besoin de mes efforts, de ma perfection, pour m'aimer. Il attendait simplement que je lui ouvre la porte et que je le reconnaisse. Je l'avais invité à mes noces et il avait pris mon invitation au sérieux. Il n'était jamais reparti.

D'ailleurs, je n'imaginais pas construire une famille sans lui. Et pour me donner les outils nécessaires, j'étais allée demander l'aide d'un ami prêtre. C'était ma manière d'envoyer un faire-part à Dieu. Je l'invitais à occuper la place centrale dans notre foyer. Au jour de mon mariage, j'ai ressenti intérieurement sa présence. J'en ai été rassurée, mais je ne m'en suis plus beaucoup occupé. Nous sommes entrés dans le tourbillon de la vie avec les enfants, les activités sociales, le travail, la maladie... Lui, discret, ne s'imposait pas. Quand j'allais mal, je criais vers lui, je lui disais ce qu'il devrait faire pour moi, pour nous. Quand j'allais bien, il rentrait dans l'oubli. Il se taisait, il m'attendait. Au plus fort de la souffrance, j'étais tentée de le renier, de le remplacer. Il me laissait faire mes détours. Il ne s'imposait jamais. Il m'aimait. Il n'avait pas besoin de mes fraises, de mes efforts de perfection. Son cœur restait ouvert; son accueil, inconditionnel.

En réalité, les traces de sa présence dans ma vie étaient beaucoup plus anciennes. Déjà, à quatre ou cinq ans, je le retrouvais le soir, véritable expérience de plaisir, quand je priais à genoux au pied de mon lit, pour ma sœur qui voulait connaître sa vocation. Il était là encore, à l'adolescence, dans mes moments de solitude et de détresse au pied de mon arbre. Il était là, comme l'air que l'on respire dans la confiance de mes parents en la Providence. Il était là, présence qui ne s'impose jamais.

Longtemps j'ai pensé à lui comme à quelqu'un d'extérieur à moi. Il existait quelque part, au-dessus de ma tête, dans son ciel, dans un chœur d'église, ailleurs. Prier, c'était nécessairement franchir une distance. À travers la démarche des Seuils de la foi, je l'ai un jour retrouvé à l'intérieur de moi. Je me suis découverte « habitée ». Ma prière s'est apaisée, elle est devenue plus silencieuse, plus disponible. J'apprenais à m'abandonner, à faire confiance. J'ai commencé à goûter simplement cette présence.

L'Invité de mes noces n'est jamais reparti! Il est difficile de rendre avec des mots toute la jubilation contenue dans cette affirmation. Je pourrais la répéter, la répéter comme une chanson heureuse qui remplit le cœur. L'Invité de mes noces n'est jamais reparti. Il s'est installé à demeure. Il m'a accompagnée dans toutes les étapes de mon projet, dans l'union comme dans la séparation, j'en ai la certitude. Avec la même délicatesse, toujours dans le respect de ma liberté. Et c'est un cadeau que j'ai souhaité aussi pour chacun de mes enfants, au jour de leur mariage. Je lui envoyais un faire-part, en leur nom, quand je préparais la célébration avec eux. Et sur les photos, je me surprends à chercher dans leur regard un signe qu'ils ont rencontré l'Invité de leurs noces, quel que soit le nom qu'ils lui donnent.

Écrire ce livre n'a donc pas été simplement faire le récit de mon histoire, un retour au passé. Écrire ce livre m'a permis de « faire mémoire », c'est-à-dire, en rappelant le passé, de me rendre présente à moi-même et de me rendre présente à plus grand que moi-même, l'Invité de mes noces.

Et je me suis découverte intacte, entière. Malgré l'épreuve ou peut-être à cause d'elle. En profondeur, rien n'a été abîmé. Et c'est dans cette profondeur que je suis habitée. Accepter de vivre pendant un certain temps au niveau de mon manque essentiel m'a permis de faire l'expérience du sacré, tout en gardant les deux pieds enracinés dans la réalité. Et c'est à partir de cette profondeur, que j'ai pu rechoisir la vie. En lien avec d'autres, avec tous ceux et celles qui m'ont accompagnée ou qui fraternellement ont accepté de partager leur douleur avec moi et d'entreprendre une démarche pour renaître à l'espérance et à la joie.

Voilà pourquoi je peux dire : « Heureux divorce! » J'ai cru mourir, l'épreuve m'a permis de me réapproprier mon identité, ma vie. Elle m'a obligée à revenir à mon essence. Elle m'a forcée à m'arracher de la mort qui avait présidé à ma naissance pour faire le choix de me tourner vers la vie. Elle m'a ouverte à la beauté de la vie dans les êtres blessés et renaissants que j'ai rencontrés. Le livre est à la fois une célébration de la vie, une célébration enracinée dans le pardon, et un tremplin, un élan vers une intensité de vie plus grande encore. Une plus grande capacité de m'appartenir dans un oui à la vie. Il m'ouvre l'appétit sur la vie.

Et je pense à Jocelyne, mon amie peintre. Plus elle avance dans son art, plus elle privilégie certaines couleurs. Ces couleurs deviennent intouchables, elles font partie de sa palette, elles donnent une identité à ses peintures. Je me suis rendu compte qu'il en était de même pour moi. Au fur et à mesure que j'avançais dans l'écriture de ce livre, je découvrais que certaines valeurs faisaient partie de mon identité. Ma foi, par exemple. Ce n'est pas une valeur à la mode. Mais je ne peux pas me définir sans elle. L'écriture m'a permis de retrouver les racines de ma foi et de les accueillir dans une jubilation profonde. C'est avec ma foi que j'ai relu aussi l'histoire de mon mariage, de ma séparation, de la reconstruction de mon être. Je ne pourrais pas en parler sans cette couleur particulière. Elle fait partie de ma palette.

Mais elle n'a pas servi de lanterne pour éclairer par le haut ou de l'extérieur mon histoire. Elle a plutôt été redécouverte, nommée à partir du creux de ma souffrance. Je l'ai retrouvée quand je ne la cherchais pas. Et j'ai pu mettre un nom sur cette présence si persistante et si aimante à la fois : l'Invité de mes noces! Pour moi, il a un visage, un nom. Mais je crois, pour l'avoir vu chez d'autres personnes, que chacun, chacune a « un Invité spécial » à ses noces. Ce peut être un grand rêve, une confiance totale en la vie et le désir de faire qu'elle continue à travers soi, ce peut être l'amour avec un grand A, le besoin de se réaliser dans l'union... Peu importe son nom. Il représente quelque chose qui dépasse le simple plaisir de porter une robe blanche et d'accueillir des amis. Quelque chose à quoi il reste possible de se raccrocher quand la beauté du rêve commence à décliner. Quelque chose de plus grand que l'attirance de deux corps ou de deux intérêts.

Cet Invité ne s'est pas éclipsé avec les derniers invités. Il est resté pour vous accompagner aux jours de bonheur, comme aux jours difficiles. Et quand arrive la rupture avec son cortège de souffrances, il reste là. Discret et tenace en même temps. Il vous appartient de le retrouver, de le nommer, de lui donner toute la consistance qu'il a. Parce que c'est lui qui vous permettra de rester vivant et de grandir au cœur de votre perte. Il était là à votre mariage, il vous accompagnera dans votre traversée de la rupture et dans votre aboutissement à la vie. En tenant sa main, vous pourrez dire vous aussi : « Heureux divorce! » parce que vous aurez trouvé l'essentiel et que vous ne pourrez plus jamais le perdre : vous-même, habité.

Table des matières

MEMBRE DU GROUPE SCABRINI

Québec, Canada
2005